智能网联汽车
系列教材

WT-ZN
仿真智能车

实训指导手册

AR版

何扬 / 主　编

刘清翔 叶永辉 艾彦斌 / 副主编

朱军 李妙然 / 主　审

人民邮电出版社

北　京

图书在版编目（CIP）数据

WT-ZN仿真智能车实训指导手册：AR版／何扬主编. -- 北京：人民邮电出版社，2021.8（2024.5重印）
智能网联汽车系列教材
ISBN 978-7-115-56537-2

Ⅰ.①W… Ⅱ.①何… Ⅲ.①汽车－智能通信网－仿真系统－教材 Ⅳ.①U463.67

中国版本图书馆CIP数据核字(2021)第087345号

内 容 提 要

  《WT-ZN仿真智能车实训指导手册（AR版）》一书针对职业院校"智能网联汽车技术"专业学生在入学初始的兴趣入门认知阶段编写。本书作为智能网联汽车技术系列教材之一，与其他教材配套使用。全书分为WT-ZN仿真智能车概述、实训准备、基础实训项目、拓展实训项目4个部分，其中基础实训项目提供了14个仿真实训任务，分别从循迹、避障、沙盘等各个角度进行仿真智能实训操作。

  本书可作为职业院校智能网联汽车技术等相关专业的教材，也可作为仿真智能车相关企业培训用书。

◆ 主　编　何　扬
 副主编　刘清翔　叶永辉　艾彦斌
 主　审　朱　军　李妙然
 责任编辑　王丽美
 责任印制　彭志环

◆ 人民邮电出版社出版发行　　北京市丰台区成寿寺路 11 号
 邮编　100164　电子邮件　315@ptpress.com.cn
 网址　https://www.ptpress.com.cn
 北京七彩京通数码快印有限公司印刷

◆ 开本：787×1092　1/16
 印张：7.25　　　　　　　　　　2021 年 8 月第 1 版
 字数：180 千字　　　　　　　　2024 年 5 月北京第 2 次印刷

定价：39.80 元
读者服务热线：(010)81055256　印装质量热线：(010)81055316
反盗版热线：(010)81055315
广告经营许可证：京东市监广登字 20170147 号

专家委员会

前　言

　　本书针对"智能网联汽车技术"专业的教学需求及技术特点而编写，以便于开展专业教学，并进行相应的实训，激发学生对专业课程的学习兴趣。

　　WT-ZN 仿真智能车是由万通汽车教育研究院和四川云开智能科技有限公司针对智能网联汽车技术发展和职业院校相关专业教学需要共同研发的。该智能车选用了市场上主流芯片和 Arduino 系统，模拟和仿真了智能网联汽车的部分功能，适合职业院校智能网联汽车技术及相关专业入门实操的教学。

　　本书内容基于 WT-ZN 仿真智能车各种功能，分为 WT-ZN 仿真智能车概述、实训准备（包括部件认知、组装、调试、面包板、电路认知及实验，软件环境认识与安装等）、基础实训项目（按照所设计的项目要求，通过 WT-ZN 仿真智能车实现智能网联汽车的各项功能）、拓展实训项目（在完成 14 个基础实训项目后，学生可自行完成拓展实训项目，进一步提高动手能力）。学生以组为单位，在实训老师的指导下，严格按照手册的要求和步骤实施实训和竞赛。通过实训，学生不仅可了解和初步掌握仿真智能车的各项功能，还可通过竞赛学会如何设置和优化车辆技术指标和性能（如速度、路线、间隔等），在提高动手能力的同时，也训练了学生的思考及团队合作能力。本书主要有以下特点：

　　（1）循序渐进，从部件认知及仿真智能车安装、调试和初始化入手；

　　（2）项目设置结合实车智能功能进行仿真；

　　（3）项目二和项目三安排了竞赛相关的内容，以提高学生学习兴趣和参与积极性；

　　（4）在实训准备阶段设置相关知识问答考核题。

　　本书作为智能网联汽车技术系列教材之一，与其他教材配套使用。本书由 AR 展示、在线互动知识及后台大数据测评系统（专利号：201810230606.2）支撑。使用手机等移动设备下载"智慧书"App，在 App 中扫描书中 AR 图片，即可在线观看相应实训视频，并可进行在线答题及查看答案。

　　本书由万通汽车教育研究院和四川云开智能科技有限公司共同开发，由中国汽车工程学会应用与服务分会秘书长、全国智能网联校企融合平台秘书长徐念峰老师担任顾问，中国汽车工程学会首席专家朱军老师和北京和绪科技有限公司总经理、全国智能网联校企融合平台副秘书长李妙然女士担任主审，全国智能网联校企融合平台专家组成员、万通汽车教育研究院院长何扬老师担任主编，四川云开智能科技有限公司技术总监刘清翔老师，万通汽车教育研究院叶永辉、艾彦斌老师担任副主编。刘罕、吴阳、刘伟负责本书视频创作。在本书编写过程中，教材专家委员会、万通汽车教育研究院相关老师给予了指导和帮助，万通汽车教育相关院校及老师给予大力支持，在此一并表示感谢。

　　由于编者水平有限，书中若有疏漏和不足，敬请读者指正。

在使用仿真智能车的过程中，如有技术上的问题或需要增配部件等，可直接联系生产厂家或万通汽车教育研究院技术人员。联系方式如下：

（1）刘清翔（四川云开智能科技有限公司），微信：qx283416333；

（2）叶永辉（万通汽车教育研究院），微信：wxid-83g3rpd9zqja22。

编　者

2021 年 3 月

目　录

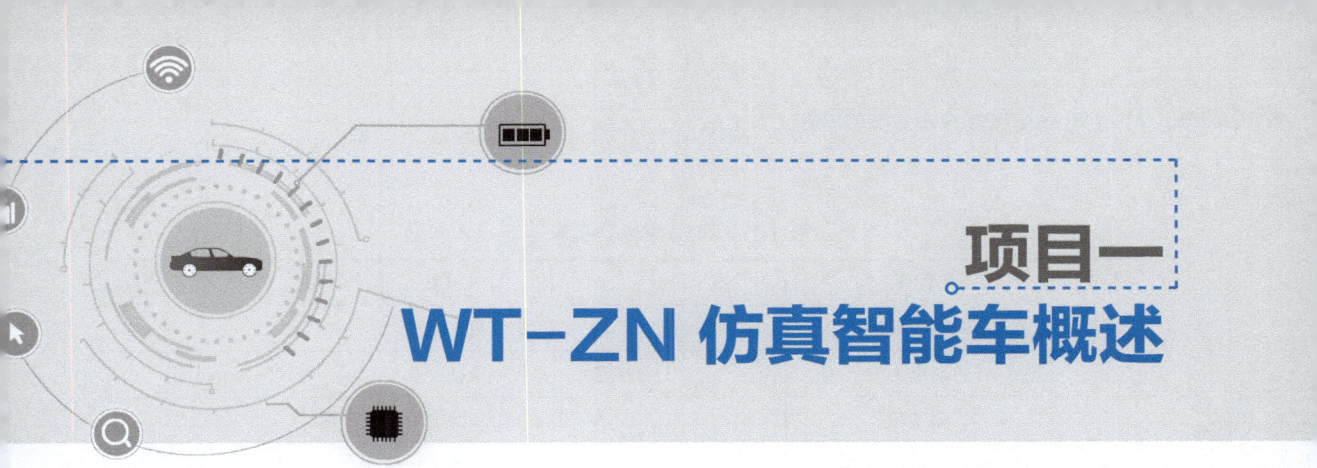

WT-ZN 仿真智能车概述

任务一　WT-ZN 仿真智能车基本情况

1. WT-ZN 仿真智能车外形与包装

WT-ZN 仿真智能车具有智能网联汽车基本结构与部分特性，其外形如图 1-1-1 所示。

超声波模块

舵机云台

65mm 车轮

转接顶板

UNO R3 主板

图 1-1-1　WT-ZN 仿真智能车外形

WT-ZN 仿真智能车产品包装标志如图 1-1-2 所示。

WT-ZN 仿真智能车
SMART CAR KIT

二合一
开发板 & 智能小车

主要功能

| 黑线循迹 | 红外避障 | 红外遥控 | 贴边行驶 | 物体跟随 |
| 超声波避障 | 自动大灯 | 人体感应 | 智能寻光 | 蓝牙无线控制 |

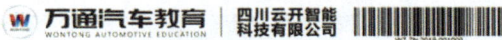

万通汽车教育 WONTONG AUTOMOTIVE EDUCATION ｜ 四川云开智能科技有限公司

WT-ZN 2019-001000

图 1-1-2　WT-ZN 仿真智能车产品包装标志

2. WT-ZN 仿真智能车技术参数

WT-ZN 仿真智能车技术参数如表 1-1-1 所示。

表 1-1-1　WT-ZN 仿真智能车技术参数

序号	项目	参数
1	驱动方式	四轮驱动
2	驱动电动机	1：48减速比、直流强磁抗干扰电动机，转速320r/min
3	驱动轮	直径65mm含内胆防滑车轮
4	电动机驱动芯片	TB6612FNG
5	供电方式	2节18650型锂电池供电
6	供电电压推荐范围	DC 7～16V
7	稳压电路	LM2596-ADJ开关电源，提供3A输出能力
8	电源保护	短路保护、过充电保护、过放电保护、低电压保护
9	充电方式	直流8.4V直充
10	常规续航时间	大于40min
11	避障/跟随传感器	32.768kHz调制红外发射头与VS1838一体化接收头两组
12	循迹传感器	RPR220两组
13	超声波雷达模块	HR04模块，测距范围2～500cm
14	寻光模块	3路寻光，灵敏度可调
15	车灯	两个高亮5mm LED白光灯
16	声控模块	MIC6×5麦克风＋LM393运算放大器
17	人体检测	D203S红外线传感器，检测角度：水平138°、垂直125°，距离>5m
18	无线遥控模块	JDY-30蓝牙模块
19	控制主板	Arduino UNO R3

3. 微控单元

WT-ZN 仿真智能车控制主板采用的是 Arduino UNO R3，适合入门级学习，其功能齐全，用量最多。Arduino UNO 是一款基于 ATMEGA328P 的微控制器板。它有 14 个数字输入 / 输出（I/O）引脚 [其中 6 个可用作 PWM（脉冲宽度调制）输出]，6 个模拟输入引脚，16MHz 晶振时钟，USB 连接，电源插孔，ICSP 接头和复位按钮。只需要通过 USB 数据线连接计算机就能供电、程序下载和数据通信。

Arduino UNO R3 硬件资源配置如表 1-1-2 所示。

表 1-1-2　Arduino UNO R3 硬件资源配置

序号	项目	配置
1	微控制器	ATMEGA328P
2	工作电压	5V
3	DC输入电压	7～12V

续表

序号	项目	配置
4	数字I/O引脚	14（其中带～标识的为提供PWM输出引脚，共6个）
5	PWM I/O引脚	6
6	模拟输入引脚	6
7	I/O推挽输出电流	20mA
8	3.3V引脚电流	50mA
9	外部时钟频率	16MHz

4．WT-ZN 仿真智能车转接板

WT-ZN 仿真智能车转接板引出 Arduino UNO R3 所有 I/O 口，并且把传感器与 CPU 的接口优化为防反插设计，接口包含蓝牙 /Wi-Fi 接口、电动机控制信号接口、循迹 / 避障信号接口、超声波信号接口、两路舵机控制接口、电源 I/O 接口等。可以直接连接蓝牙 /Wi-Fi 接口板，便于读者进行各种实验实训。

5．WT-ZN 仿真智能车其他部件和技术

WT-ZN 仿真智能车驱动部分采用了直流驱动电动机、仿真差速线控技术。车轮采用聚丙烯无毒无味非充气塑料，电池采用 3.7V 可充电锂电池，从而提高了车辆的整体性能。

任务二　主要仿真功能

1．循迹

车辆沿事先设计好的线路行驶（即循迹）是智能网联汽车的一项重要功能。WT-ZN 仿真智能车通过自身的感知系统，依据特定识别标志进行行驶。循迹在智能网联汽车、无人驾驶汽车、AGV（自动引导车）中都具有最常见的应用。

2．避障

车辆在行驶过程中难免遇到障碍，WT-ZN 仿真智能车能通过感知部件，以及车内控制与执行机构，在遇到障碍的情况下采取制动、等待、绕行等动作，从而达到安全的目的。

3．跟随

在智能汽车中，一般都具有 ACC（自适应巡航控制）功能。WT-ZN 仿真智能车通过车内感知系统，可以跟随前车（仿真纵向）加速、减速和制动。

4．定位

根据定位标志（本车中可以是色块），一旦车辆行驶到某一标志，可以通过灯光或蜂鸣器进行提示，以表示到达指定地点。该功能完全仿真了 AGV（自动引导车），使 WT-ZN 仿真智能车可在特定区域内执行特定任务（如在旅游景区中，自 A 点至 B 点）。

5．线控

无论是跟随、循迹还是避障，都需要在感知系统获得相应信号后，由控制系统发出指令，指挥车辆按照指令要求进行动作。按照信号执行相应动作的系统称为线控机构。在不同等级

的智能汽车上均有该类系统装置。

6. 其他功能

其他功能包括显示、灯光、蜂鸣等仿真智能功能。

总之，WT-ZN 仿真智能车具备了智能汽车和 AGV（自动引导车）的相当部分功能。通过各个项目的实施，可以仿真多种智能化功能。并可通过竞赛的方式，使学生在玩中学、赛中学，不仅可以提高其对该专业学习的兴趣，也便于顺利地进入下一阶段的专业课程学习。

任务三 项目设计规范

每个实训项目均从以下 5 个方面加以叙述与说明。

1. 任务描述

任务描述主要介绍该项目实施的仿真性、实训主要形式和方式，并介绍采用的仿真智能车相关技术和功能。

2. 实训准备

实训准备包括两方面：一是设备与器材准备，根据项目功能需求，需要准备不同数量的车辆、工具和材料（如场地制作材料等）；二是实训分组，根据班级学生人数进行分组，确定不同角色的工作职责和任务分工。

3. 实训操作

根据项目设计和要求，在竞赛之前需要对项目进行准备和训练（如循迹操作的控制，程序的编制和输入等）。需要进行相应时间的训练之后，方可进行竞赛活动。

4. 竞赛与考核

按照项目特点和竞赛规则，进行相应的竞赛活动。竞赛需要严格按照规则进行，指导教师首先要熟悉和掌握比赛内容、规则、操作方式和评分标准，并事先准备好相关的资料（评分表）和工具（秒表等），以便于竞赛按照规则规范有序进行。

5. 6S 管理

按照 6S（整理、整顿、清扫、清洁、素养、安全）管理规范，在每个项目实训完成之后，都要填写 6S 管理考核表。

任务一 WT-ZN 仿真智能车部件认知

WT-ZN 车虽然只是一辆仿真智能小车，但"麻雀虽小，五脏俱全"。无论是动力供给电源还是驱动和控制、传动部件等，一样都不能少。

在组装乃至下一步实施各个项目之前，首先需要对 WT-ZN 仿真智能车部件有比较清晰的认知和了解从而确保在车辆组装时，不仅能按照规范进行操作和实施，更能够清楚地知道各个部件的特点和性质，以避免在组装过程中因为操作（如接线）不当造成车辆的损伤。

> **注意**
>
> 请读者认真阅读本任务内容，如不认真学习，可能会在组装过程中因个人错误操作而造成车辆的损坏，并可能造成严重的后果。

1. WT-ZN 仿真智能车部件清单

WT-ZN 仿真智能车部件清单如表 2-1-1 所示。本项目实训之前，需要同学们认真清点自己的 WT-ZN 仿真智能车，并确认所有部件齐全并完好。经实训指导教师签字确认之后方可开始实训。

表 2-1-1　WT-ZN 仿真智能车部件清单

序号	分类	名称	型号/指标	单位	数量	备注
1		控制主板	Arduino UNO R3	块	1	
2	板件	顶板（功能扩展板）	EK V3.0	块	1	
3		四驱车底盘主板	4WD96009	块	1	
4		超声波传感器连接板		块	1	
5		驱动电动机	TT 减速/1：48	个	4	直流5V
6	元器件	超声波（雷达）模块	HC-SR04	个	1	
7		蓝牙接收模块	JDY-30	个	1	
8		Wi-Fi模块	ESP8266-12F	个	1	

续表

序号	分类	名称	型号／指标	单位	数量	备注
9	元器件	遥控接收头	HS1838	个	1	
10		红外线遥控器	mini 汽车红外遥控器	个	1	
11		SG90舵机	SG90 9G	个	1	
12		云台套件		套	1	
13		双位18650电池盒		个	1	
14		锂电池	18650/3.7V	节	2	
15		充电器	8.4V直流直充	个	1	
16		驱动车轮	材料：聚丙烯，直径 65mm，轮宽25mm	个	4	
17	辅件	电动机固定安装片		片	8	4片×2组
18		螺钉1	M3×30mm	颗	8	连接电动机
19		自攻螺钉1	ϕ3mm×10mm	颗	2	连接舵机
20		自攻螺钉2	ϕ2mm×6mm	颗	1	
21		螺母	M3	颗	12	连接控制主板
22		螺钉2	M3×6mm	颗	12	
23		尼龙柱1（塑料支架）	M3×20mm	根	4	
24		尼龙柱2（塑料支架）	M3×40mm	根	2	连接舵机
25		M3十字螺钉旋具	M3×135mm，十字	个	1	红柄
26		M3一字螺钉旋具	M3×135mm，一字	个	1	蓝柄
27		母对母杜邦线	彩色杜邦线	根	10	2.54mm间距
28		公对母杜邦线	彩色杜邦线	根	10	
29		6P连接线	XH2.54	根	2	电动机控制线
30		4P连接线	XH2.54	根	1	连接传感器
31		2P连接线	XH2.54	根	1	顶板供电线
32		数据线	两个端口：USB口及B型USB口	根	1	上传程序
33		收纳盒	透明收纳盒	个	1	含封面

清点人：　　　　　实训指导教师：　　　　　　　　　　　年　　月　　日

2. 板件认知

WT-ZN 仿真智能车板件有 3 部分，分别为控制主板、顶板、底盘主板，其各自的形状、功能与特点如下所述。

（1）WT-ZN 仿真智能车控制主板。WT-ZN 仿真智能车控制主板也可称为 Arduino 控制主板。它主要用于放置核心部件，连接外接端口。其主板芯片型号为 ATMEGA328P，其外形如图 2-1-1 所示。主要元件接线位置与技术说明如图 2-1-2 所示。

图 2-1-1　控制主板外形

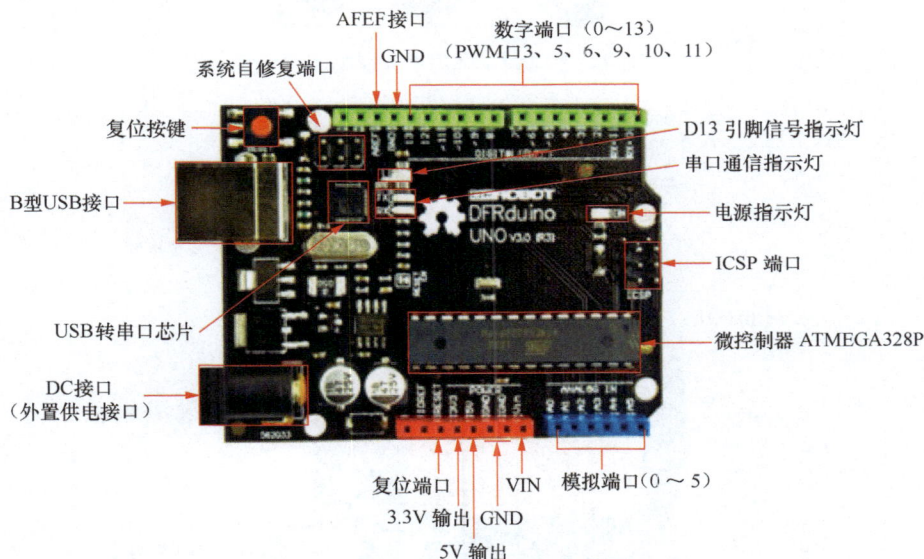

图 2-1-2　主要元件接线位置与技术说明

控制主板提供了以下 3 种供电方式。

① 直流电源插孔：可以使用电源插孔为 Arduino 控制主板供电。电源插孔通常连接到一个适配器。控制主板的供电范围可以是 5 ～ 20V，但制造商建议将其保持在 7 ～ 12V。高于 12V 时，稳压芯片可能会过热，低于 7V 可能会供电不足。

② VIN 引脚：该引脚用于使用外部电源为 Arduino 控制主板供电。电压应控制在上述提到的范围内。

③ USB 电缆：连接到计算机时，同时提供 500mA 电流 /5V 电压。

（2）WT-ZN 仿真智能车顶板（功能扩展板）。顶板（功能扩展板）主要用于连接外部设备如后续要介绍的蓝牙接收模块等。随着实训项目的实施，通过该板的扩展功能，不仅可以进行有关 WT-ZN 仿真智能车自身的各种仿真，如直接点亮 LED，或利用图形化程序控制 LED 的亮与灭等，还可以与真实的汽车相连接，控制其相关的动作，如控制汽车大灯（即前照灯）的开关等（具体介绍参见本书项目三任务一相关内容）。WT-ZN 仿真智能车顶板外形如图 2-1-3 所示，WT-ZN 仿真智能车顶板接线如图 2-1-4 所示。

图 2-1-3　WT-ZN 仿真智能车顶板外形

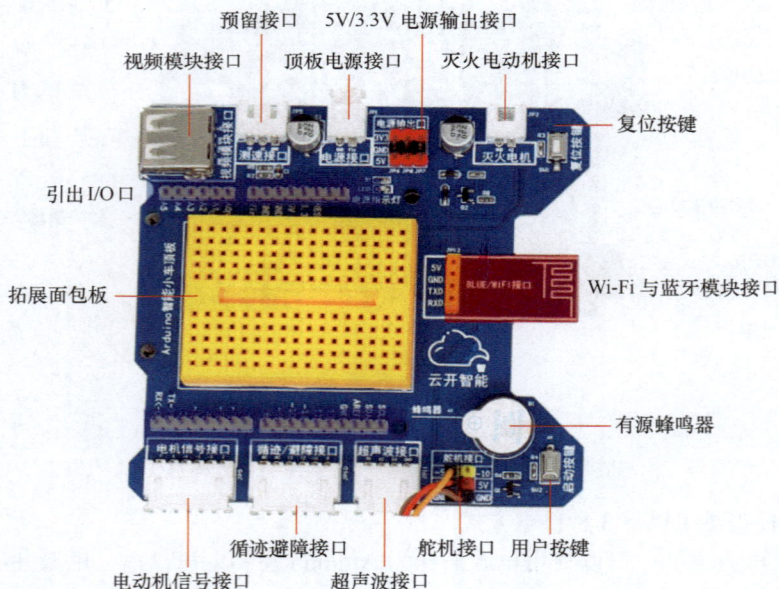

图 2-1-4　WT-ZN 仿真智能车顶板接线

顶板接线的主要接口有电动机驱动接口、红外线传感器接口、超声波传感器接口、蓝牙与 Wi-Fi 模块接口。

（3）WT-ZN 仿真智能车底盘主板。WT-ZN 仿真智能车底盘和普通车辆底盘一样，具有承载部件和驱动的功能。其底盘主板外形如图 2-1-5 所示。

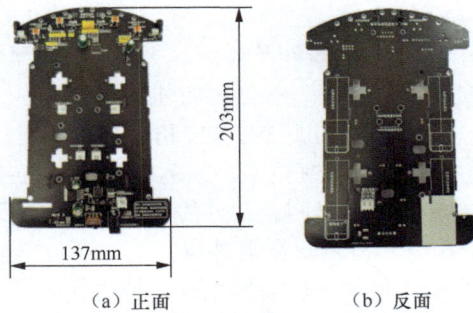

（a）正面　　　（b）反面

图 2-1-5　WT-ZN 仿真智能车底盘主板外形

底盘主板组成部件及接线方式如图 2-1-6 所示。

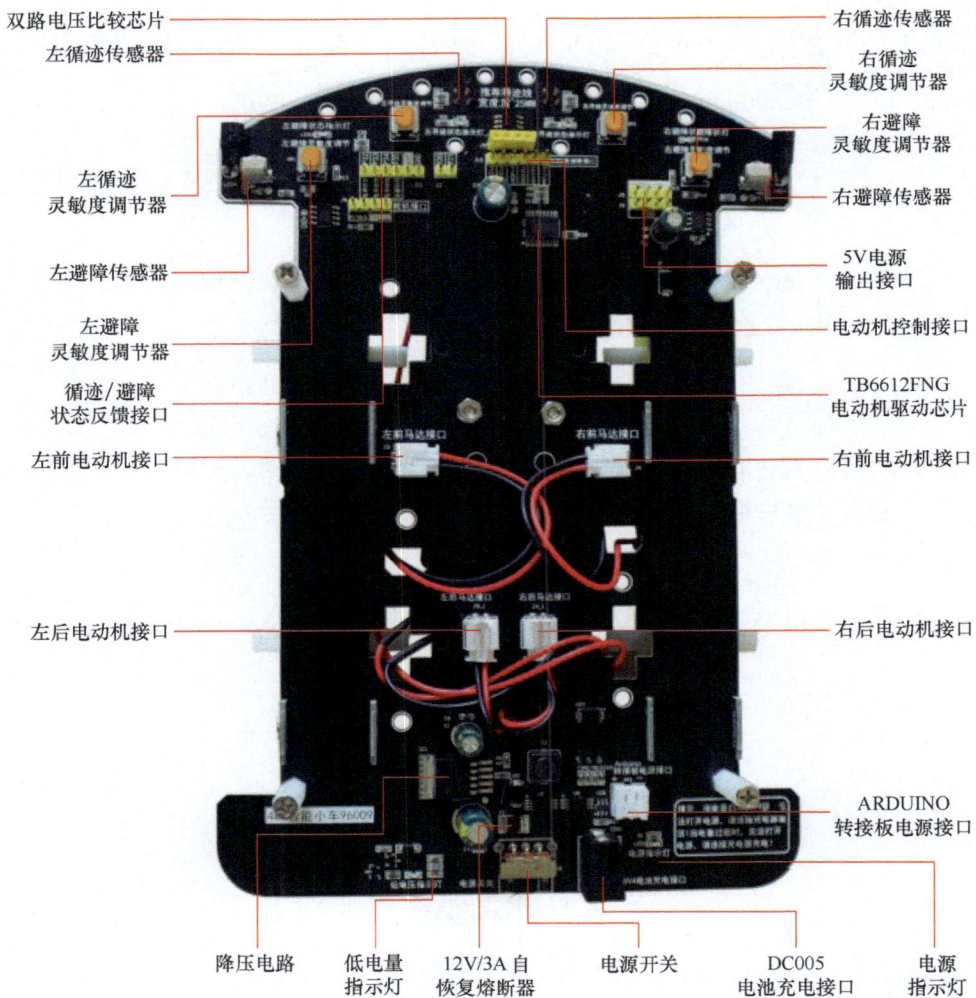

双路电压比较芯片
左循迹传感器
左循迹灵敏度调节器
左避障传感器
左避障灵敏度调节器
循迹/避障状态反馈接口
左前电动机接口
左后电动机接口

右循迹传感器
右循迹灵敏度调节器
右避障灵敏度调节器
右避障传感器
5V电源输出接口
电动机控制接口
TB6612FNG电动机驱动芯片
右前电动机接口
右后电动机接口
ARDUINO转接板电源接口

降压电路　　低电量指示灯　　12V/3A 自恢复熔断器　　电源开关　　DC005电池充电接口　　电源指示灯

图 2-1-6　底盘主板组成部件及接线方式

3. 元器件及辅件认知

WT-ZN 仿真智能车采用了很多元器件及辅件，认知这些元器件及辅件，并了解其在车辆中所起到的作用，对后续的实训和学习有很大的辅助作用。

（1）WT-ZN 仿真智能车驱动电动机。WT-ZN 仿真智能车驱动采用的是直流变速电动机（4 个）。其驱动转向模式为线控差速技术，即驱动电动机直接连接到车轮。其差速转向最大的特点在于几乎没有转向角度限制。常见的汽车的转向多采用非差速方式，转角多小于 80°。在道路狭窄的情况下，车辆就会很难掉头。如消防车辆在狭窄街道救火时，就会遇到转弯或掉头的困难。而采用差速转向的车辆，转角就会很大，甚至可以在原地 360°转弯。同时由于采用的是四轮驱动，其驱动力和稳定性指标也相对较高。目前在部分军工车辆上已有类似结构产品。驱动电动机外形及尺寸如图 2-1-7 所示。

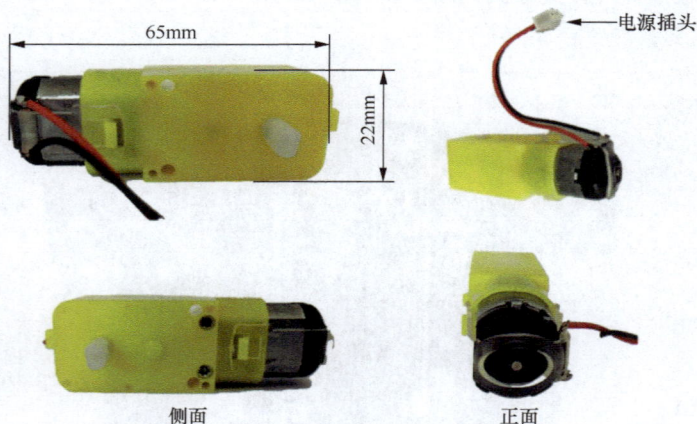

图 2-1-7　驱动电动机外形及尺寸

（2）WT-ZN 仿真智能车车轮。WT-ZN 仿真智能车采用的是聚丙烯无毒无味工业塑料免充气车轮，前后 2 组共 4 个单轮。车轮外形及尺寸如图 2-1-8 所示。

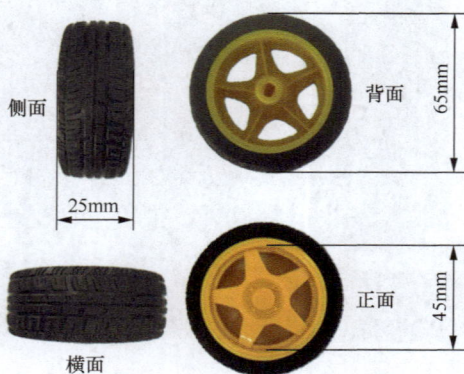

图 2-1-8　车轮外形及尺寸

（3）WT-ZN 仿真智能车舵机组件。舵机在 WT-ZN 仿真智能车中主要是作为超声波传感器的云台，通过它可使超声波传感器 180°转动，扫描限定范围和环境中的障碍物以辅助仿真智能车完成避障功能。舵机外形及尺寸如图 2-1-9 所示。

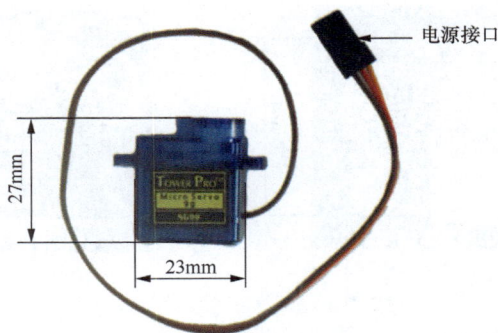

图 2-1-9　舵机外形及尺寸

（4）超声波传感器（雷达）。超声波传感器（也可称为超声波雷达）是将超声波信号转换成其他能量信号（通常是电信号）的传感器。超声波是振动频率高于 20kHz 的机械波。它具有频率高、波长短、绕射现象小，特别是方向性好、射线定向传播等特点。超声波对液体、固体（尤其是不透明的固体）的穿透力强。超声波碰到杂质或分界面时会产生显著反射，形成反射回波，碰到活动物体时能产生多普勒效应。超声波传感器也是智能汽车乃至未来的无人驾驶汽车感知系统的重要组成部件。在本书中，避障功能就是由超声波传感器接收到障碍信息而反馈至控制机构，并按照设计的动作实现的。超声波传感器组件中有四根线，其中 TRIG 线用于控制信号输入端。超声波传感器外形及尺寸如图 2-1-10 所示。

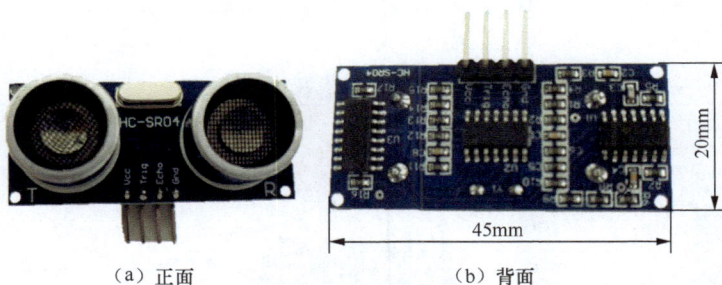

（a）正面　　　　　　　　　（b）背面

图 2-1-10　超声波传感器外形及尺寸

（5）超声波传感器连接板。该连接板主要用于舵机与超声波传感器的电信号与物理连接（用螺钉与舵机相连）。超声波传感器连接板外形及接线端口如图 2-1-11 所示。

（6）电动机固定安装片。它用于电动机安装和固定。每个电动机使用两块固定安装片及若干螺钉。电动机固定安装片与螺钉外形如图 2-1-12 所示。需要说明的是，该固定安装片是以 4 个一组形式提供的，在使用之前，要分别将每个固定安装片掰开后单独使用，因此，在掰的时候要特别注意，不能掰断了。电动机固定安装片一旦损坏，车辆将无法运行（无备用件）。

（7）电池与电池盒。WT-ZN 仿真智能车电源采用两节可充电锂电池（型号 18650），单节电池电压为 3.7V。将电池放入电池盒内，通过电池盒上的电源接口与底板相连。电池及电池盒外形及尺寸如图 2-1-13 所示。

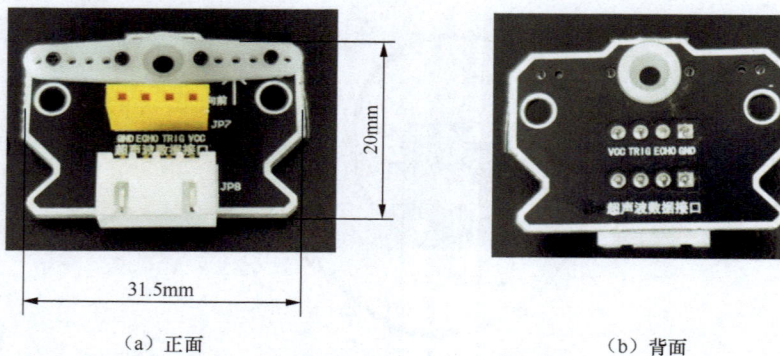

（a）正面　　　　　　　　　　　　　　　　　（b）背面

图 2-1-11　超声波传感器连接板外形及接线端口

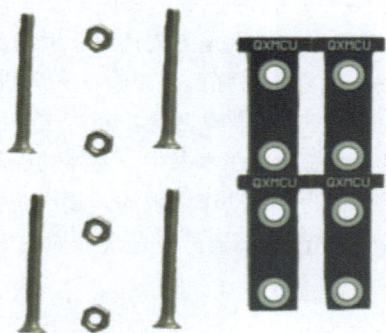

图 2-1-12　电动机固定安装片与螺钉外形

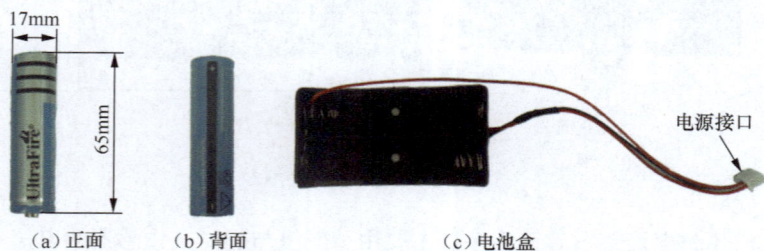

（a）正面　　（b）背面　　　（c）电池盒

图 2-1-13　电池及电池盒外形及尺寸

（8）充电器。使用充电器电源插口对上述电池进行充电。需要注意的是，底盘主板（见图 2-1-6）和 Arduino 控制主板（见图 2-1-2）上均有 DC 充电接口。其中底盘主板上的 DC 充电接口为锂电池充电使用，可直接接充电器。而 Arduino 控制主板上的 DC 接口通常不使用。充电器及充电接口如图 2-1-14 所示。

图 2-1-14　充电器及充电接口

（9）上传程序用数据线。上传程序用数据线主要用作计算机（PC/笔记本）与 WT-ZN 仿真智能车连接时的通信接口连线，用于 WT-ZN 仿真智能车控制程序的传送。需要注意的是，连线的两个接口分别为 USB 接口和 B 型 USB 接口，相互之间不能通用。其中 B 型 USB 接口可以连接至图 2-1-2 主板相应位置，如图 2-1-15 所示。

B 型 USB 接口

USB 接口

主板 B 型 USB 接口

图 2-1-15　数据线及接口

（10）连接排线及插头（母对母杜邦线、公对母杜邦线、6P 连接线、4P 连接线、2P 连接线）。WT-ZN 仿真智能车配置了数根连接电缆（排线）、插头（插针）、插孔，其中：10 芯针孔排线 1 根，10 芯双孔排线 2 根，4 芯单排排线 1 根，12 芯双排排线 1 根。在车辆组装过程中一定要严格按照说明书或在教师的指导下进行操作。且不能硬性插拔，以免损坏部件。连接排线及插头如图 2-1-16 所示。

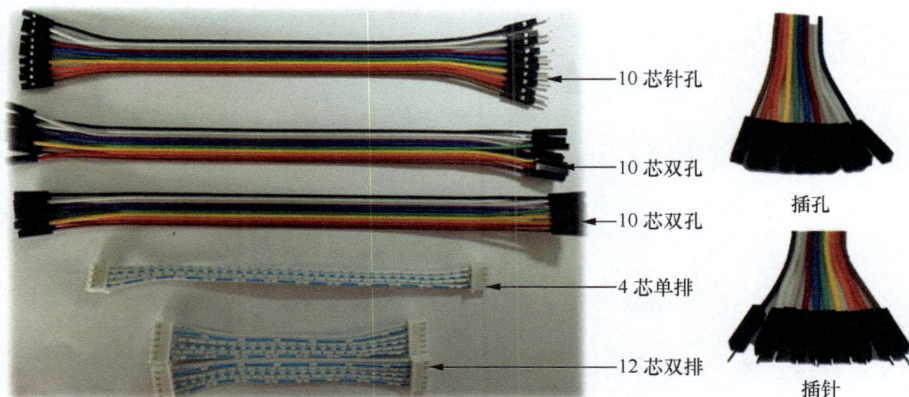

10 芯针孔

10 芯双孔

10 芯双孔

4 芯单排

12 芯双排

插孔

插针

图 2-1-16　连接排线及插头

（11）红外线遥控器。WT-ZN 仿真智能车提供了遥控和程控两种方式。其中，遥控方式就是采用红外线遥控器对车辆进行控制。遥控器各控制键对应不同控制功能。详见 WT-ZN

仿真智能车使用说明书。红外线遥控器外形如图 2-1-17 所示。

图 2-1-17　红外线遥控器外形

（12）遥控接收头（红外接收头）。操作人员使用遥控器遥控车辆时，车辆需要接收控制信号，该遥控接收头就是用于接收遥控信号的。在车辆组装并需要进行遥控时，需要将该遥控接收头插入 WT-ZN 仿真智能车顶板（功能扩展板，见图 2-1-4）中面包板的位置。具体插线方式参见配套说明书。遥控接收头外形及连线标定如图 2-1-18 所示。

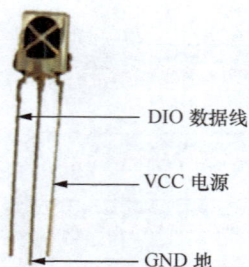

DIO 数据线

VCC 电源

GND 地

图 2-1-18　遥控接收头外形及连线标定

（13）蓝牙接收模块。蓝牙技术是短程通信技术中的一种。通过蓝牙技术，可以实现手机、计算机等装置对车辆进行远程（一定的距离，通常在 10m 之内）控制或进行数据的传输。根据需要，可将蓝牙接收模块插入 WT-ZN 仿真智能车顶板（功能扩展板，见图 2-1-4）中"Wi-Fi 与蓝牙模块接口"位置。具体插线方式参见配套说明书。蓝牙接收模块外形、尺寸及针脚标定（背面标注）如图 2-1-19 所示。

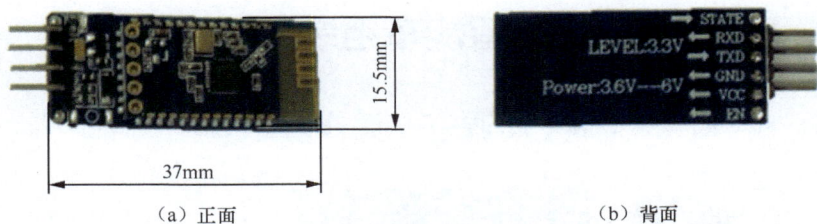

（a）正面   （b）背面

图 2-1-19 蓝牙接收模块外形、尺寸及针脚标定

（14）Wi-Fi 接收模块。Wi-Fi 接收模块作为 WT-ZN 仿真智能车的增项模块，主要用于接收手机或其他通信工具所发来（一定的距离，通常在 10m 之内）的数据或控制信息。根据需要，可将该 Wi-Fi 接收模块插入 WT-ZN 仿真智能车顶板（功能扩展板，见图 2-1-4）中面包板的位置。具体插线方式参见配套说明书。Wi-Fi 接收模块外形、尺寸及针脚标定（背面标注）如图 2-1-20 所示。

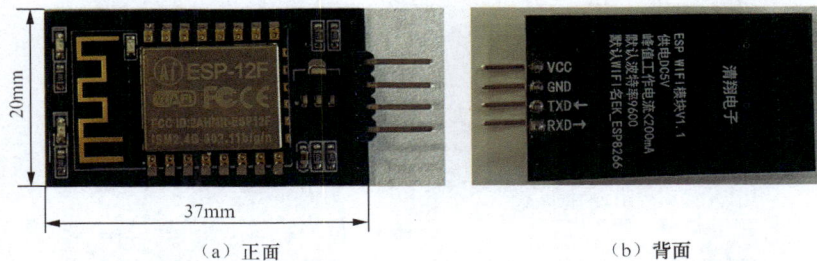

（a）正面   （b）背面

图 2-1-20 Wi-Fi 接收模块外形、尺寸及针脚标定

（15）主板与舵机塑料支架与螺钉。WT-ZN 仿真智能车不光有主板、动力和驱动机构，还需要很多辅助及连接组件。这些组件虽然只起到辅助作用，但在车辆运行中仍起到很重要的作用，如果在组装时操作不当，没有拧紧、安装不到位、断裂、丢失等，就极容易造成车辆在行驶中出现故障（在实际车辆行驶时就有可能造成重大事故）。况且一辆车配备的辅件基本没有富裕，一旦造成损坏或丢失，即使去厂家采购，厂家会补充，也需要较长的时间。塑料支架与螺钉辅件外形如图 2-1-21 所示。

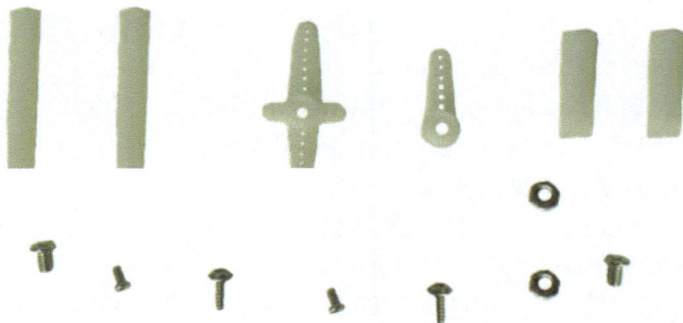

图 2-1-21 塑料支架与螺钉辅件外形

任务二 WT-ZN 仿真智能车组装

□ AR 资源——操作演示 □

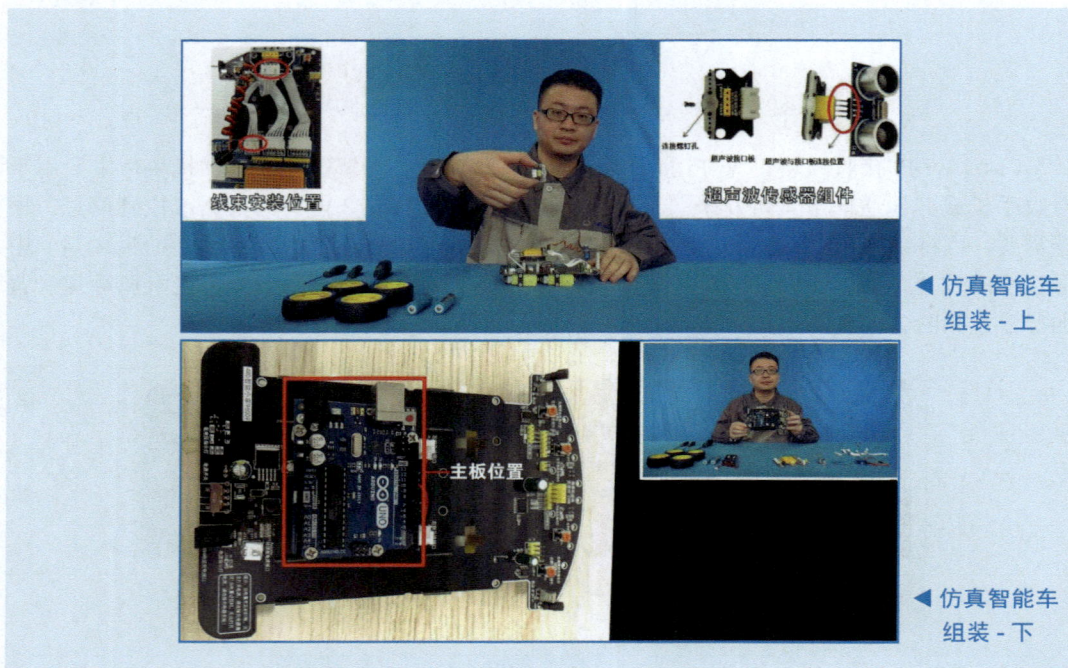

◀仿真智能车
组装 - 上

◀仿真智能车
组装 - 下

1. WT-ZN 仿真智能车安装注意事项

在完成对 WT-ZN 仿真智能车部件认知和了解的基础上，即可进行 WT-ZN 仿真智能车的组装与调试任务。在任务实施之前，需要注意以下几点。

（1）确认 WT-ZN 仿真智能车部件数量齐全、外观无损伤。

（2）按照 6 人一组进行操作。在实训指导教师讲解和演示时，建议每组只使用一辆 WT-ZN 仿真智能车。其余车辆在分组实训环节中使用。

（3）实训之前请务必检查场地环境（电源插座）是否符合条件：应有可以接通 220V 电源且有绝缘垫的工作台；工具（小十字螺钉旋具、小一字螺钉旋具、小镊子、220V 电烙铁、焊锡丝等）齐全；每个组需要配备一台万用表。

（4）强调安全防护和安全用电要求。严禁擅自连接和插电，明令禁止的任何违规操作导致 WT-ZN 仿真智能车部件损坏的情况，均由当事人承担责任。

2. WT-ZN 仿真智能车安装步骤

（1）控制主板塑料支架安装。塑料支架是相关部件安装的基础，在安装时需要将背面塑料支架拧紧。塑料支架安装位置如图 2-2-1 所示。

（2）驱动电动机安装。驱动电动机（亦可称电动机）是 WT-ZN 仿真智能车的重要部件，因为是差速驱动模式，驱动电动机将直接连接至车轮，因此实训中需要严格按照规范要求进行安装。安装之前首先要在配件中找到驱动电动机固定安装片，因为它是 4 个一组的，安装时需要先将其掰开，如图 2-2-2 所示，并找到连接螺钉，以便做好相应的准备工作。图 2-2-3 所示为左前驱动电动机安装示意。其中，图 2-2-3（b）所示为正面接线位置，图 2-2-3（c）所示为底盘主板背面位置示意图。图 2-2-4 所示为驱动电动机整体安装及连线示意。其中，图 2-2-4（a）为单机连接侧面示意，图 2-2-4（b）为四机连接正面示意，图 2-2-4（c）为四机连线示意。

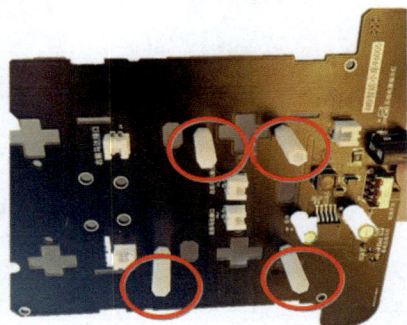

图 2-2-1　塑料支架安装位置

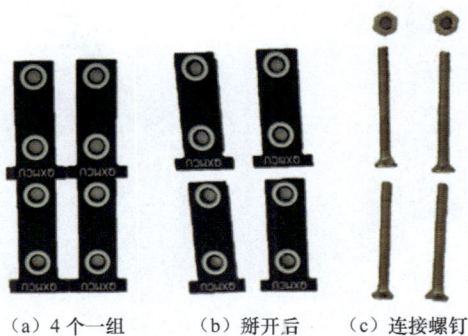

（a）4 个一组　　　（b）掰开后　　　（c）连接螺钉

图 2-2-2　驱动电动机固定安装片和螺钉

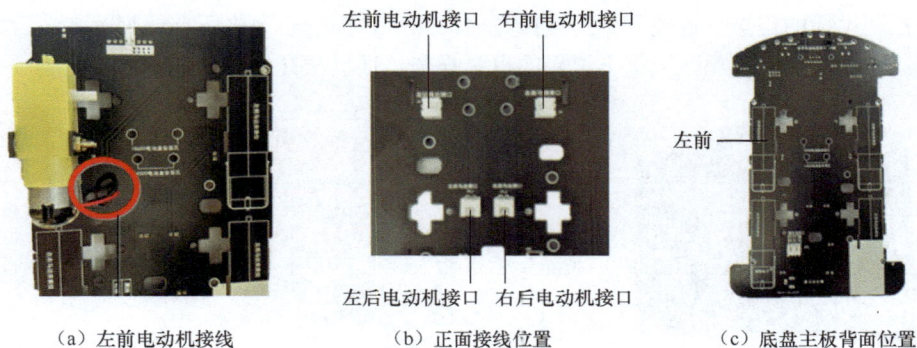

（a）左前电动机接线　　　　　（b）正面接线位置　　　　　（c）底盘主板背面位置

图 2-2-3　左前驱动电动机安装示意

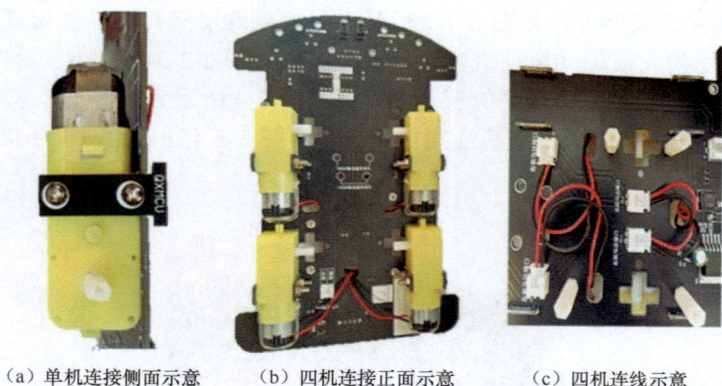

（a）单机连接侧面示意　　　（b）四机连接正面示意　　　（c）四机连线示意

图 2-2-4　驱动电动机整体安装及连线示意

（3）WT-ZN 仿真智能车 Arduino 控制主板安装。Arduino 控制主板是 WT-ZN 仿真智能车的主要控制部件，该板件需要安装在底盘主板上，通过图 2-2-1 所示的 4 根塑料支架来固定。控制主板安装位置如图 2-2-5 所示。

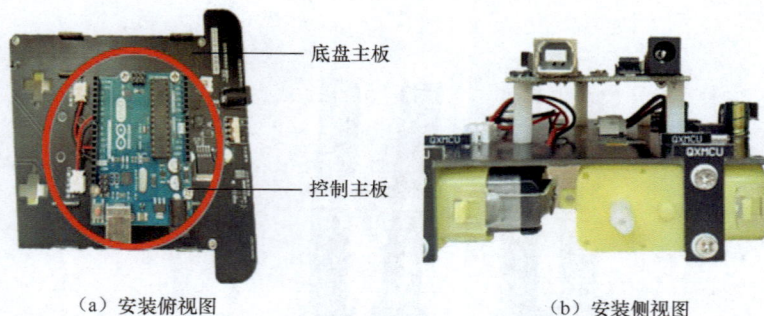

（a）安装俯视图　　　　　　　　　（b）安装侧视图

图 2-2-5　控制主板安装位置

（4）WT-ZN 仿真智能车顶板（功能扩展板）安装。作为功能扩展，WT-ZN 仿真智能车顶板在使用时是安装在控制主板上端的，如图 2-2-6 所示。在安装时要特别注意顶板的背面插针与控制主板的连接，首先要确定连接方向，然后需要细心地将所有针脚对齐之后方可插入，切勿硬性拔插，以免造成上下连接的板件损伤。顶板插针位置如图 2-2-7 所示。

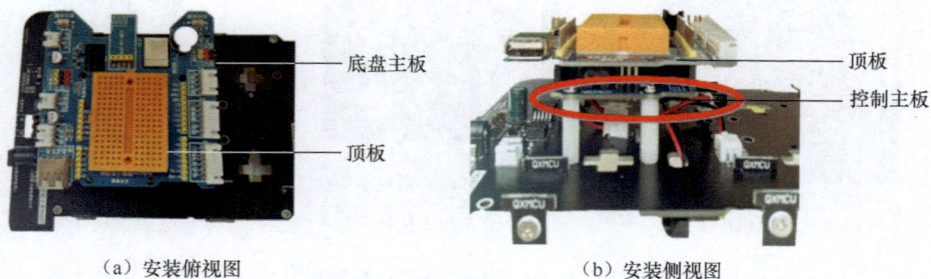

（a）安装俯视图　　　　　　　　　（b）安装侧视图

图 2-2-6　顶板安装位置

（a）顶板插针背面图　　　　　　　　（b）顶板插针侧视图

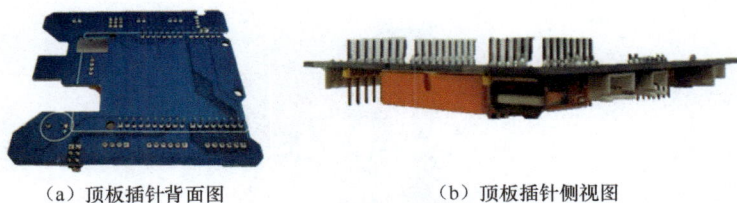

图 2-2-7　顶板插针位置

（5）WT-ZN 仿真智能车顶板舵机塑料支架安装。WT-ZN 仿真智能车舵机是用于超声波传感器转向的平台和支架，正确的安装是保证超声波传感器准确有效进行工作的保障。安装操作步骤如下所述。

① 塑料支架的安装。舵机塑料支架外形及尺寸如图 2-2-8 所示。确定塑料支架之后，将其安装在底盘主板指定位置，如图 2-2-9 所示。

　　　　　　　　　　　　　　　　　　　（a）塑料支架连接俯视图　　　　（b）塑料支架连接侧视图

图 2-2-8　舵机塑料支架外形及尺寸　　　　图 2-2-9　舵机塑料支架安装位置

② 排线连接。根据安装流程和规范，在舵机安装之前，需要将一些相关的连线（电动机信号接口 6 芯排线、循迹 / 避障接口 6 芯排线、超声波接口 4 芯排线）连接好。否则一旦后续部件安装后，有的连线就不便安装了。

2 根 6 芯排线插头连接端口为：底盘主板 J11 插针与顶板循迹 / 避障接口相连；底盘主板 J10 插针与顶板接口相连。J10/J11 与顶板连接位置如图 2-2-10 所示。在连接时一定要注意连接电缆和顶板插口连接方向，不能插反了，如图 2-2-11 所示。在明确连接位置之后，再按照图 2-2-12 所示进行连线。

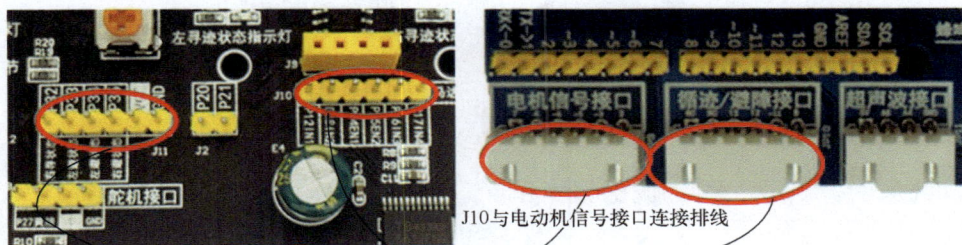

J11与循迹/避障接口连接排线

J10与电动机信号接口连接排线

图 2-2-10　J10/J11 与顶板连接位置

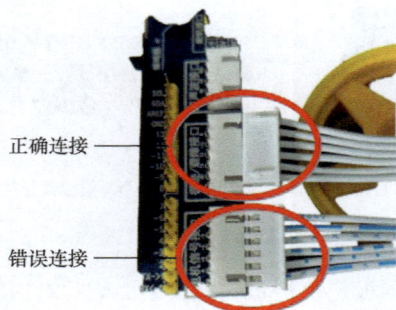

正确连接

错误连接

图 2-2-11　连接线路与顶板接口连接示意

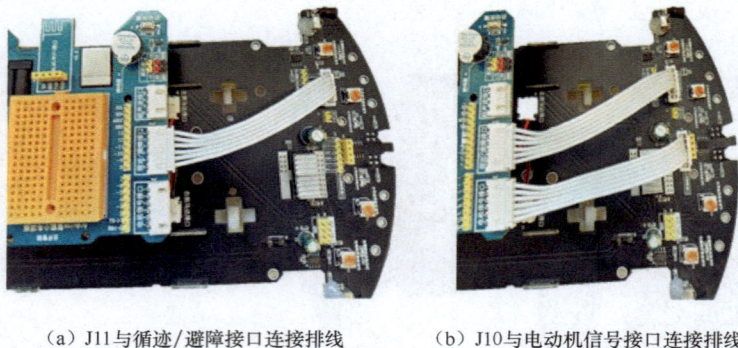

（a）J11 与循迹/避障接口连接排线　　　　　（b）J10 与电动机信号接口连接排线

图 2-2-12　J10/J11 与顶板连线示意

③ 舵机组件安装。首先将舵机与舵机连接板相连，要注意连接板的正反面。选用自攻螺钉，如图 2-2-13 所示。然后将舵机 3 根排线缠绕在十字螺钉旋具刀杆上，使其成形为螺旋状，再将它们插在顶板"舵机接口"印有 10（橙色线）、5V（红色线）、GND（棕色线）的插针上，即可将舵机（含舵机连接板）与底盘主板上的塑料支架连接，如图 2-2-14 所示。

自攻螺钉

（a）舵机与舵机连接板连接　　　　　（b）舵机连接板

图 2-2-13　舵机与舵机连接板连接示意

舵机安装完毕，即可将舵机电缆与顶板相连。舵机电缆为 3 芯排线，连接时一定要注意安装方向，切不可接反，如图 2-2-15 所示。

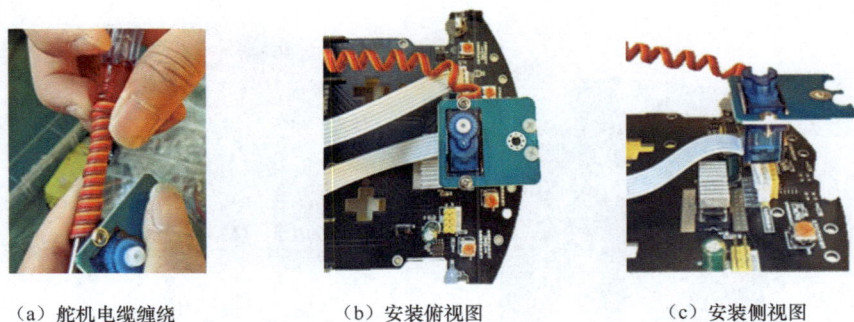

（a）舵机电缆缠绕　　　　　　（b）安装俯视图　　　　　　（c）安装侧视图

图 2-2-14　舵机与底盘主板连接示意

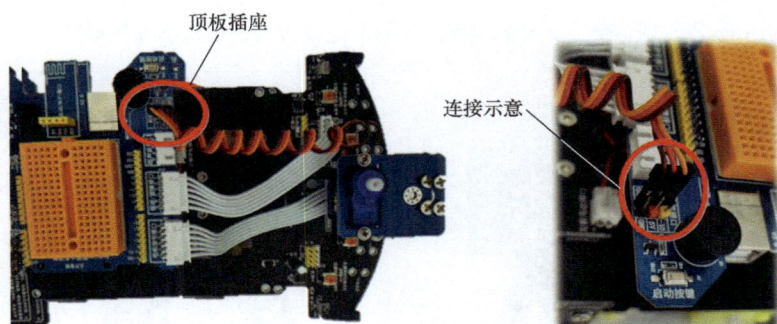

图 2-2-15　舵机电缆连接示意

（6）超声波传感器组件安装。超声波传感器组件是安装在舵机基础之上的，安装之前，首先要进行超声波传感器连接板的安装。图 2-2-16 所示为连接板及连接板与超声波传感器连接示意。图 2-2-17 所示为连接板与舵机连接示意及连接板与顶板电缆连接示意。图 2-2-18 所示为超声波传感器安装后的正、反面。

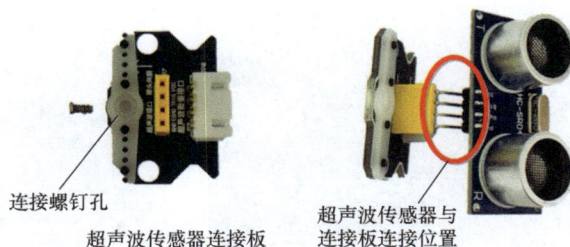

图 2-2-16　连接板及连接板与超声波传感器连接示意

（7）电池盒安装。WT-ZN 仿真智能车电池盒安装在底盘主板，连接在底盘主板中部"18650 电池盒安装孔"位置，如图 2-2-19 所示。同时要注意其电池盒连接电缆位置，如图 2-2-20 所示。

连接板电缆插口

连接板与舵机连接示意

顶板电缆插口

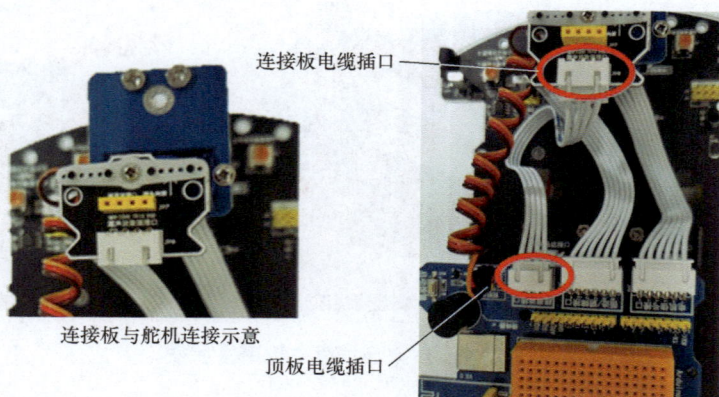

图 2-2-17　连接板与舵机连接示意及连接板与顶板电缆连接示意

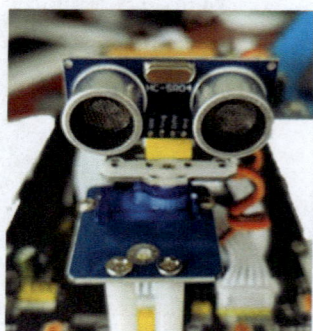

（a）超声波传感器安装后的正面　　　　（b）超声波传感器安装后的反面

图 2-2-18　超声波传感器安装后的正、反面

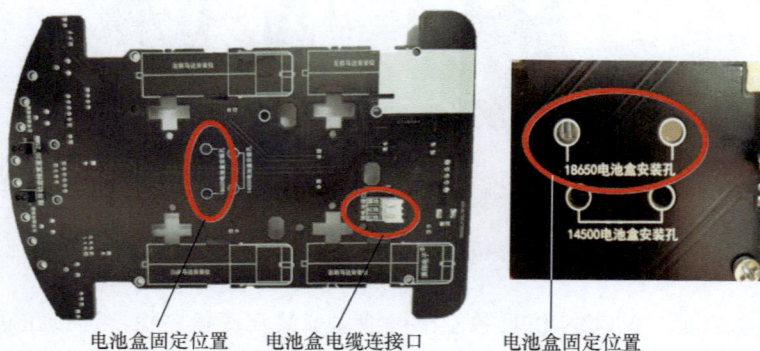

18650电池盒安装孔

14500电池盒安装孔

电池盒固定位置　　　电池盒电缆连接口　　　　　电池盒固定位置

图 2-2-19　电池盒及电缆连接位置

电池盒电缆连接口

图 2-2-20　电池盒电缆连接示意

（8）连接底盘主板与顶板 2 芯排线插座。连接顶板和电源，该电源来自底盘主板。所使用的为 2 芯排线电缆，具体连接位置如图 2-2-21 所示。

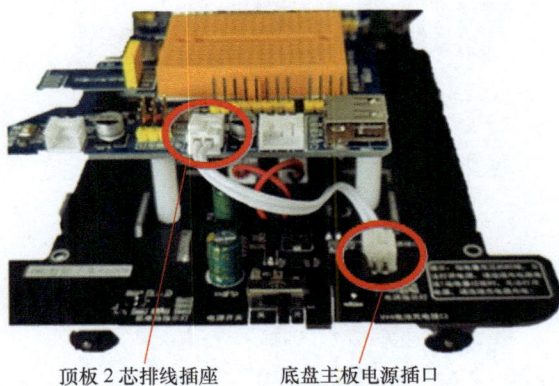

顶板 2 芯排线插座　　　底盘主板电源插口

图 2-2-21　顶板与电源连接示意

（9）车轮安装。至此，WT-ZN 仿真智能车的主体部件均已安装完毕，接下来需要安装的是 4 个车轮。车轮的正、反面如图 2-2-22 所示，安装前需要注意，驱动电动机轴应与车轮插槽形状一致（要细心观察）。安装时需要用手顶住驱动电动机背面，以防止单边用力过大而造成驱动电动机固定安装片损坏，如图 2-2-22 所示。

车轮正、反面　　　　车轮连接处

图 2-2-22　车轮安装示意

至此，WT-ZN 仿真智能车安装完毕。其整车俯视图如图 2-2-23 所示，整车背面如图 2-2-24 所示。

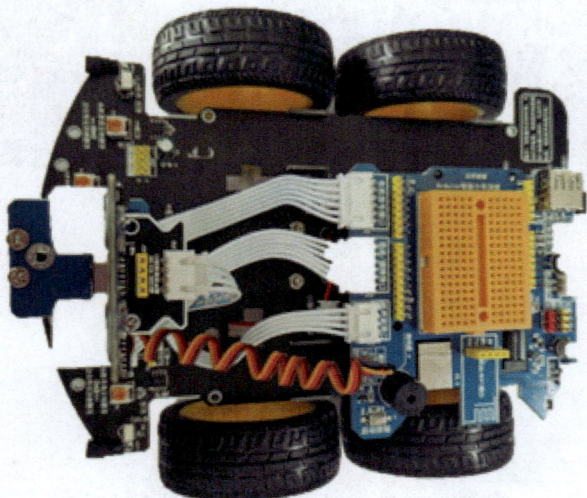

图 2-2-23　WT-ZN 仿真智能车整车俯视图

图 2-2-24　WT-ZN 仿真智能车整车背面

任务三　WT-ZN 仿真智能车调试

□ AR 资源——操作演示 □

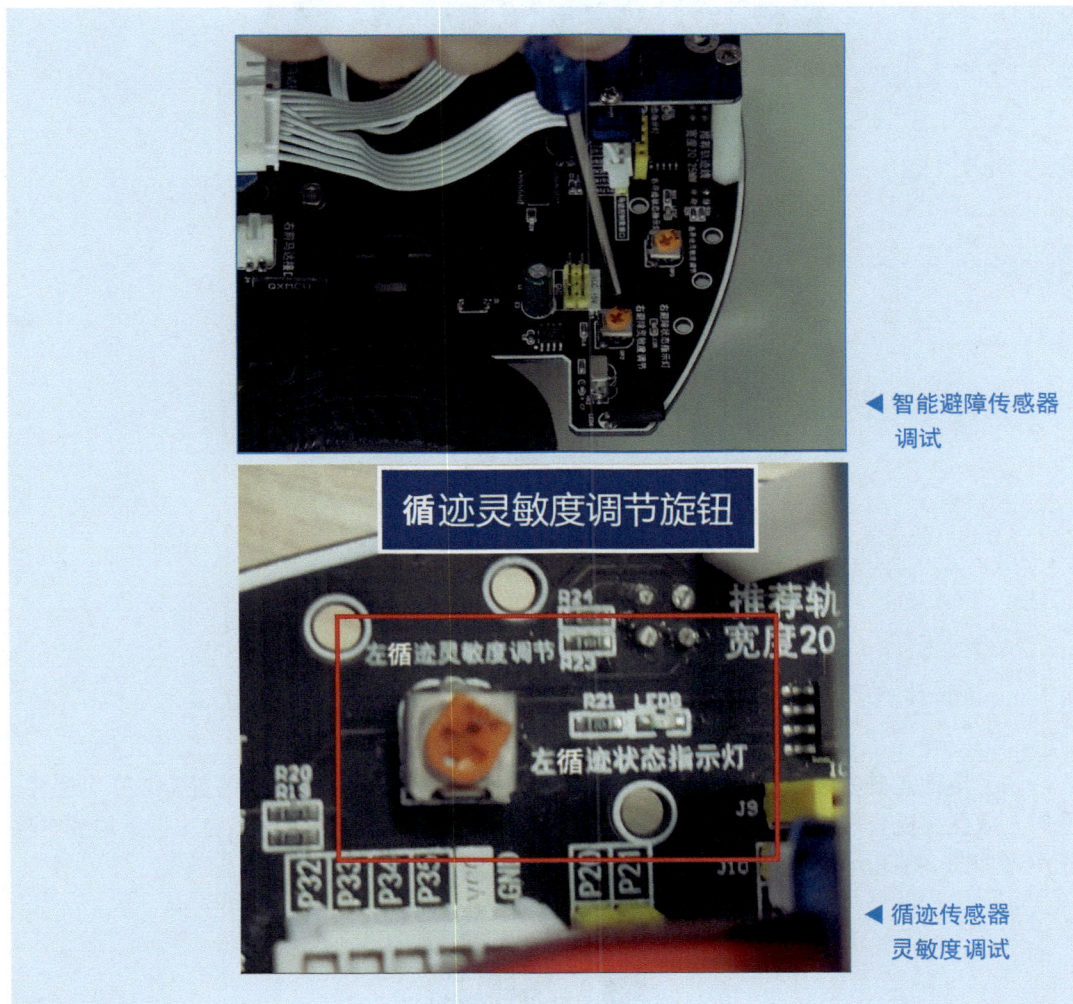

◀ 智能避障传感器调试

◀ 循迹传感器灵敏度调试

　　在整车安装完成之后，就要进入通电调试阶段。在调试之前，首先要对车辆整体对照安装规范进行认真的检查（建议交换检查，即 A 车安装人员检查 B 车，B 车安装人员检查 A 车）。在确保安装和连线正确之后，还需要确认 WT-ZN 仿真智能车整车电源开关是否位于关的位置，如图 2-3-1 所示。确认之后才可以安装电池。

1. 整车通电

　　（1）电池安装。在认真检查部件安装与线路连接的基础上，将电池装入电池盒，如图 2-3-2 所示。需要注意正负极的安装位置。

整车电源开关

图 2-3-1　整车电源开关（现已置于"关"位置）

图 2-3-2　电池安装及正负极位置

（2）电池正确安装完成后，连接一下充电器进行激活，再将电源开关置于"开"位置。此时，底盘主板与顶板电源指示灯点亮，即表示整车工作状态正常。其底盘主板、顶板电源指示灯如图 2-3-3 所示。

底盘主板　　　顶板电源
电源指示灯　　指示灯

图 2-3-3　底盘主板、顶板电源指示灯

如果电源灯不亮（电源灯不亮，其他灯也不会亮），有两种可能性：一是部件或线路连接有问题（需要重新检查）；二是需要激活。激活方式：首先将电源开关置于"关"位置，然后将充电器插入底盘主板（在电源灯侧面），并将充电器插头插入 AC220V 插座，约 1min（注意：在首次充电时，要时刻注意有无焦煳味道，一旦闻到，必须立刻拔下电源充电插头），然后拔下插头，再次将开关置于"开"的位置。此时各种灯应该点亮。

2. **避障传感器灵敏度调试**

避障作为仿真智能车的一项重要功能，其灵敏度的调整是后续实训项目的重要先决条件，因此，在整车安装和通电之后，就要进行避障传感器的调试。

注意

调试仿真智能车红外避障与循迹模块时，应在自然光较弱的环境中进行，自然光会对红外避障和循迹模块中的红外接收管造成干扰，因为自然光的光谱波长含有红外接收管的红外光波长，所以红外接收管在接收红外信号时会被自然光中相同波长的红外光干扰。

（1）功能硬件组成：红外避障模块由底盘主板上左右两组红外对管（避障传感器）（LED4/HR1、LED6/HR2）、电压比较芯片（IC4）、电位器（RP1、RP2）、状态指示灯（LED3、LED5）组成，如图 2-3-4 所示。

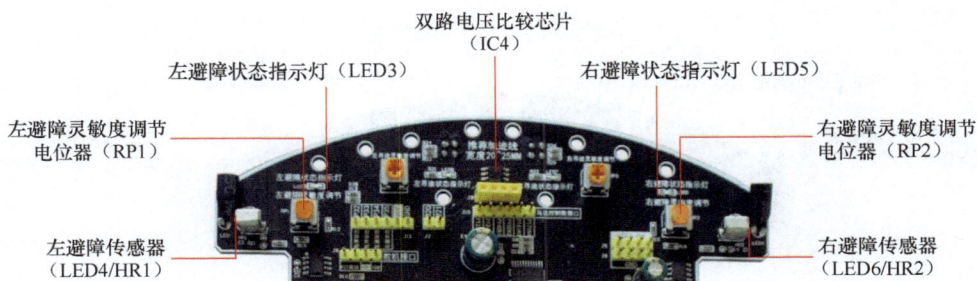

图 2-3-4　避障功能硬件位置

（2）调试。

① 将仿真智能车放在自然光弱的环境中，选择一字螺钉旋具（蓝柄），在仿真智能车前方约 15cm 处放置一个障碍物。拔掉避障传感器的接线，然后打开仿真智能车电源开关。观察左、右避障状态指示灯，如果是熄灭状态就顺时针微调对应灵敏度调节电位器，直到闪烁或常亮，如图 2-3-5 所示。调试时需要注意灵敏度调节电位器有限位器，当调到底时不可再强行旋转调节。

② 将仿真智能车移动至距离障碍物大于 25cm 且小于 30cm 的位置，观察左、右避障状态指示灯是否熄灭，如果未熄灭就逆时针调节灵敏度调节电位器，直到指示灯熄灭。在避障传感器灵敏度调试时要重点关注左、右避障状态指示灯的状态。

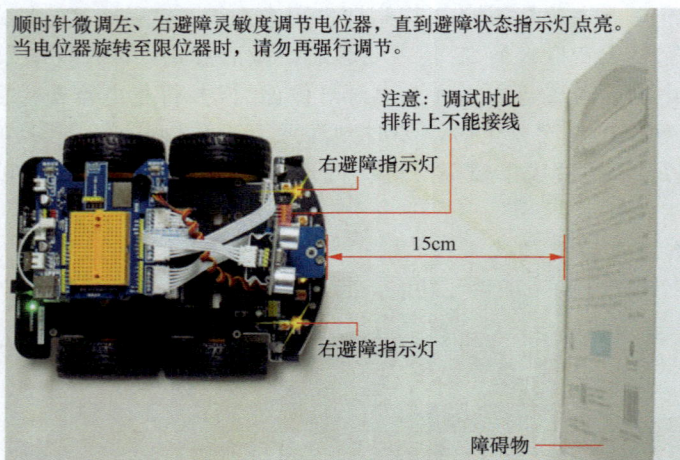

顺时针微调左、右避障灵敏度调节电位器，直到避障状态指示灯点亮。当电位器旋转至限位器时，请勿再强行调节。

注意：调试时此排针上不能接线

右避障指示灯

15cm

右避障指示灯

障碍物

图 2-3-5　避障灵敏度调整示意

3. 循迹传感器灵敏度调试

循迹传感器也是第二阶段实训项目的重要内容。

（1）硬件组成：红外循迹模块由仿真智能车底盘主板上两组红外对管（循迹传感器）（U1、U2）、电压比较芯片（IC4）、电位器（RP3、RP4）、状态指示灯（LED7、LED8）组成，如图 2-3-6 所示。

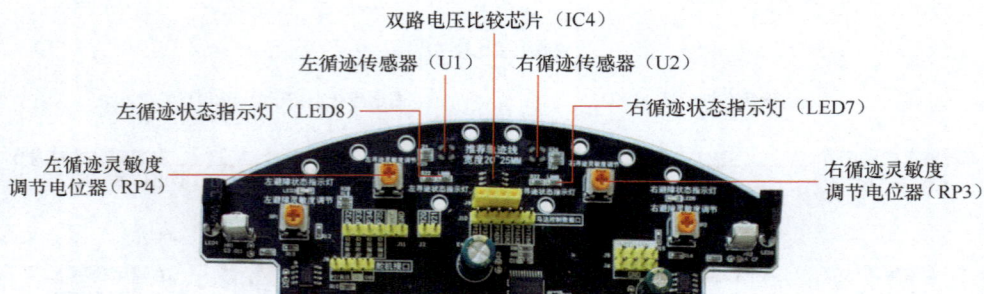

双路电压比较芯片（IC4）

左循迹传感器（U1）　　右循迹传感器（U2）

左循迹状态指示灯（LED8）　　　　右循迹状态指示灯（LED7）

左循迹灵敏度
调节电位器（RP4）　　　　右循迹灵敏度
调节电位器（RP3）

图 2-3-6　循迹模块硬件位置

（2）调试过程。调试红外循迹模块也需要在自然光弱的环境中进行，把仿真智能车放在白色的平台上，也可以放在白色纸上，打开仿真智能车电源开关，顺时针微调电位器 RP4 与 RP3，直至 LED8 与 LED7 亮起即可，然后，在白色的平台或白纸上贴黑色的胶布，再把 LED8 与 LED7 熄灭即可。循迹传感器调试示意如图 2-3-7 所示。

上述 3 个环节调试完成，即表示 WT-ZN 仿真智能车整车硬件的安装和调试全部完成。下一步该车辆可以进行软件环境的安装与调试环节。

未检测到黑线，指示灯亮　　　　检测到黑线，指示灯灭

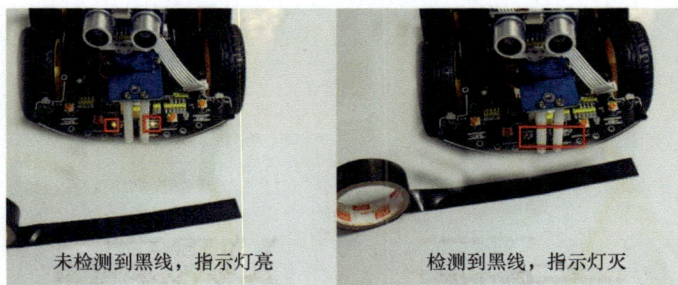

图 2-3-7　循迹传感器调试示意

任务四　面包板、电路认知及实验

1. 基本概念

不同的电路设计需要不同的连线，这是电子技术实训中常见的情况。绝大多数的电子线路设计都不可能一次成型，而需要多次且反复的调试。故电子线路实际连接形式之一就是调试并基本成型后，需要制作电子线路板（简称 PCB 板），如图 2-4-1 所示。其中，图 2-4-1（a）为仅含有线路的原板，图 2-4-1（b）为焊接了元器件的成型线路板。

（a）原板　　　　　　　　　　　　（b）焊接上元器件的 PCB 板

图 2-4-1　电子线路板

使用电子线路板方式实现电路设计，具有线路简洁、元器件布局合理、体积小、便于批量生产等优点。但一旦线路在调试后需要改动的话，这块板就报废了（PCB 板一般都是批量生产），不仅设计成本加大，而且由于制板需要时间，也会导致线路设计周期加长。

所以，在电子线路设计初期，其功能实现和调试阶段都在面包板（见图 2-4-2）上进行。该连接的最大特点就是可以随时将线路上任何一个元器件根据需要进行连线的调整，只需要将跳线（也称为杜邦线，分公对公、母对母、公对母几种类型）做相应调整即可。杜邦线如图 2-4-3 所示。

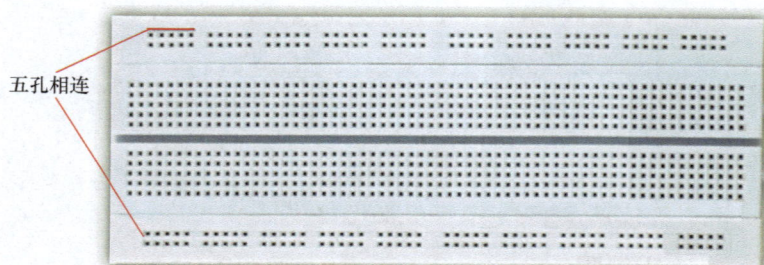

图 2-4-2　面包板

杜邦母头　　　　　　　　杜邦公头

图 2-4-3　杜邦线

2. WT-ZN 仿真智能车面包板认知

WT-ZN 仿真智能车控制主板上安装了一块 2×85 孔的调试面包板，位于整车顶部，如图 2-4-4 所示。

图 2-4-4　控制主板上的面包板

利用该面包板可完成免焊接的电路实验。面包板连线规则：该面包板上垂直方向上的 5 个插孔连接在同一根导线上，如图 2-4-5 所示。面包板通过中间开槽分为上、下两部分。

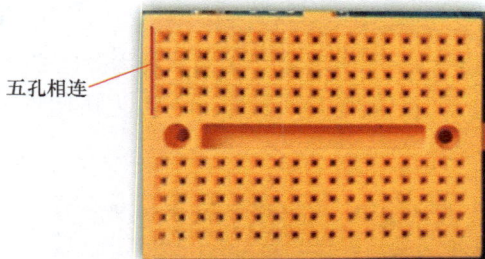

图 2-4-5　面包板实图及连线

3. 电路连接例一：LED 灯点亮

（1）电路原理图。电路原理图如图 2-4-6 所示，电阻起限流作用，阻值可在几百欧姆到 1000Ω 范围内选，电源为直流 5V（在 Arduino 控制主板与顶板的相应接口上取 5V 电源，GND 为接地）。

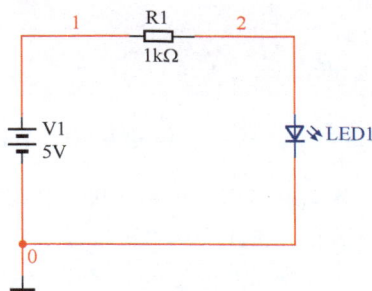

图 2-4-6　点亮 LED 灯电路原理图

（2）按照电路原理图在面包板上进行连接，如图 2-4-7 所示。当通电之后，LED 灯就会点亮。

图 2-4-7　LED 灯点亮线路连接示意

4. 电路连接例二：程序控制 LED 灯闪烁

（1）按照规范要求进入 Mixly 程序状态。详见本项目任务五的相关内容。

（2）电路连接图。电路连接图如图 2-4-8 所示。

接顶板上 8 号插针（红线） — 3 — R1 — 1 — LED1 — 2 — GND
1kΩ

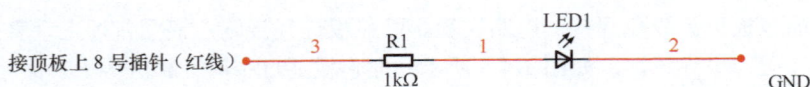

图 2-4-8　程序控制 LED 灯闪烁电路图

（3）程序说明。程序指令如下：8 号数字输出管脚为高电平（5V），延时 1000ms（1s），再令 8 号管脚输出低电平（0V），延时 1s。效果：LED 以 1s 间隔闪烁。程序界面如图 2-4-9 所示。

图 2-4-9　控制 LED 灯闪烁的程序界面

（4）线路连接。接线说明：选用红色母对母杜邦线，分别连接到顶板上 8 号插针和电阻一端，电阻另一端接面包板上的插孔，LED 为左"正"、右"负"，再选用黄色公对母杜邦线，母头连接控制主板上 GND 位置，公头插至面包板连接至 LED 灯。程序控制 LED 灯闪烁的线路连接如图 2-4-10 所示。执行程序后，LED 灯闪烁。

图 2-4-10　程序控制 LED 灯闪烁的线路连接

任务五 软件环境认识与安装

▲ 米思齐编程软件认识 1　　　　▲ 米思齐编程软件认识 2

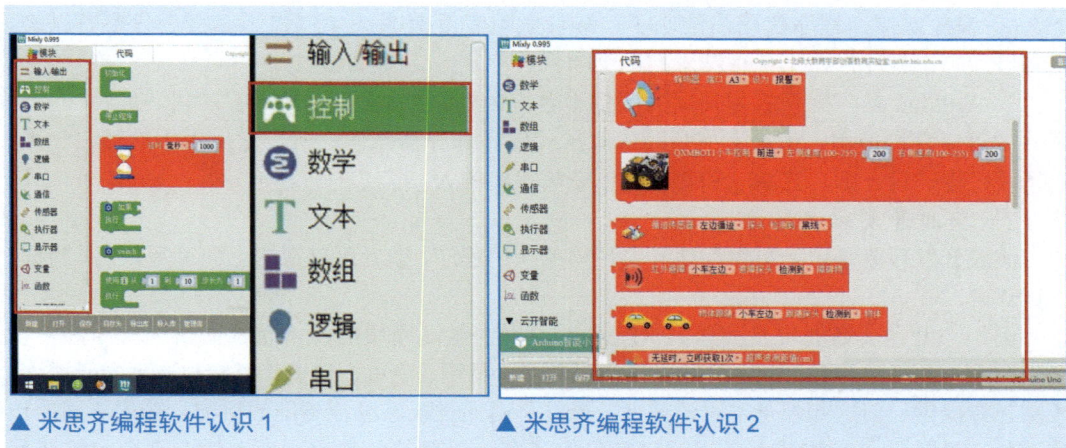

通过上述 4 个任务的内容，读者认知了 WT-ZN 仿真智能车的元器件，又用工具将车辆组装起来，装上电池之后，各种信号灯都按照要求亮了起来，同时，还学习了基本电路连接知识。这是否就说明 WT-ZN 仿真智能车可以按照预定设计和要求完成循迹、避障等功能了？并不一定。因为上述所有环节，读者接触的都是有形的部件（工具），即硬件。但如果一辆 WT-ZN 仿真智能车只有硬件而没有软件，就像是一台计算机只有 CPU、内存、主板而没有操作性一样，照样不能用。所以，在硬件安装并调试完成之后，就要进行软件环境的认知与安装。

1. Arduino 软件开发平台简介

Arduino 是一款便捷灵活、方便上手的开源电子开发平台，包括硬件（Arduino 板，如图 2-5-1 所示）和软件（Arduino IDE 与 Mixly，如图 2-5-2 所示）。从了解如何编写代码到烧录至 Arduino 板上并不需要很长的时间。

图 2-5-1　Arduino 板　　　　　图 2-5-2　Arduino IDE 与 Mixly

（1）Arduino 的作用。Arduino 可以开发交互产品，可以通过各种各样的传感器来感知环境和状态，通过控制灯光、电动机和其他装置来反馈、影响环境。比如在生活中我们可以用 Arduino 结合传感器来做出智能电风扇、自动大灯、防盗器，甚至可以做远程控制家电、

远程起动汽车、3D 打印等实验。

（2）Arduino 的特点。

① IDE（集成开发环境）界面简单，初学者很容易就会使用 Arduino 的编程软件，并且可以直接使用 Arduino IDE 或者 Mixly 把代码上传到 Arduino 板上运行。

② 编程直接、程序代码简洁明了。即使学习者没有系统学过电子编程，只要有兴趣，也可以编写出程序，做出各种精彩的创意项目。

③ Arduino 是一个开放源代码的硬件平台。另外，Arduino 提供丰富的代码库，在程序设计中可以直接使用，无须考虑烦琐的底层代码和寄存器操作，所以它适用于教师、学生、电子爱好者、设计师、艺术家和对设计创造感兴趣的人。

2. 集成开发环境搭建

集成开发环境是用于提供程序开发环境的应用程序，读者可以在这上面编写代码，验证、调试代码。

例如，世界著名的玩具商乐高（LEGO），以提供高品质的积木玩具而著名。乐高不仅仅生产人们常见的各种形状的积木，还提供轮子、吊钩、电机，几乎我们能想象到的元器件，乐高都有提供。但这些都是基本的部件，最终是要通过玩家进行不同的组装，形成不同的作品，甚至是产品。数年前，乐高就已经提供了有编码器等的平台。而在这个平台上需要玩家编写不同的程序，让这个产品根据设计要求进行动作。在 WT-ZN 仿真智能车中，这个平台就是 Arduino 这一款含有可编程微型处理器的集成板卡。而 Mixly 图形化编程软件就是在 Arduino 平台基础上进行编程的软件。

对于刚刚介入智能网联汽车专业学习的读者，看到智能、网联、协同（V2X）等专业术语和高技术的产品（5G、卫星、网络等），都会产生自然的畏惧感，担心太难了学不会。而 Mixly 图形化编程就是用形象化的图形模块来直接调用所需要的功能的。例如：如果想让 WT-ZN 仿真智能车向前行走 1m，在 Mixly 软件中，只需要将相应图标用鼠标拖下来，之后，在数字窗口上填上 100（单位是 cm）即可。当运行这个程序时，车辆就会向前行驶 1m 了。

当然，我们希望车辆不仅仅是向前行驶那样简单，不仅要向前、向后，还要转弯、避障、循迹。也就是需要读者熟悉各种图形的模块，从而加入不同的参数，让仿真智能车听从读者的要求，按照设计的目标行驶或动作。

3. Mixly 图形化编程软件介绍

Mixly 是一款面向 Arduino 开发的图形化编程工具，提供了图形化界面和代码界面对比显示，并支持界面整体放大功能，方便操作，支持串口选择和波特率设置功能，并具备界面简洁美观的特点。

（1）Mixly 支持的模块。

① 输入 / 输出：数字输入、数字输出、模拟输入、模拟输出、中断控制、脉冲长度、移位输出。

② 控制：时间延迟、条件执行、循环执行、获取时间、初始化。

③ 数学：数字映射、数字约束、数学运算、取整、随机、三角函数。

④ 文本：文本链接、文本转数字、数字转文本。

⑤ 数组：定义数组、取数组值、改数组值。

⑥ 逻辑：条件判断、逻辑运算。

⑦ 传感器：超声波、DHT11。

⑧ 执行器：声音播放、舵机控制、I2C 液晶模块。

⑨ 通信：串口通信（新增串口选择和波特率设置）、红外通信、I^2C 通信、SPI 通信。

⑩ 存储：EEPROM 读写，SD 卡写入。

⑪ 变量：高低、真假、浮点变量、整型变量、布尔变量、字符串变量。

⑫ 函数：定义函数、执行函数。

⑬ 第三方扩展：支持国内所有主流 Arduino 厂商。

⑭ 控制主板选择：当前已经支持官方所有的 Arduino 控制主板（含 Arduino DUE 和 Arduino ZERO），ESP8266。

（2）Mixly 程序处理功能。

① 程序编写：用户既可以通过图形化代码编写，也可以直接通过文本编写（编写后图形化代码不会变）。

② 程序编译：用户可以直接通过 Mixly 完成程序的编译工作。

③ 程序上传：用户可以直接通过 Mixly 完成程序的上传工作，支持不编译直接上传。

④ 代码保存：用户可以保存、另存和导入图形化代码。

⑤ 界面缩放：用户可以随意控制界面缩放，方便用户使用。

⑥ 模块导入 / 导出：用户可以把函数导出成模块，从而方便其他用户导入使用，同时也支持导入厂商的带 CPP 的库。

⑦ 模块管理：删除模块，对用户导入的模块进行改名。

⑧ 串口监视：串口通信工具。

4. Mixly 图形化编程软件安装

① 在文件中找到编程软件安装包，双击打开，如图 2-5-3 所示。

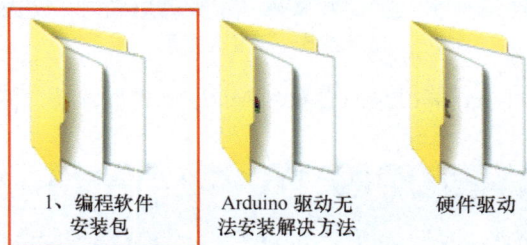

图 2-5-3　编程软件安装包

② 双击 Mixly 图形化编程软件的安装文件，如图 2-5-4 所示。

米思齐
Mixly

图 2-5-4　图形化编程软件安装文件

③ 单击"安装"按钮，如图 2-5-5 所示。

Arduino驱动无法安装解决方法　　硬件驱动　　scratch3图形化编程软件

scratch3 1.0.0

安装路径
C:\Program Files (x86)\scratch3　　更改

取消　　安装

图 2-5-5　单击"安装"按钮

④ 出现安装进度条，如图 2-5-6 所示，进度条到 100% 时完成安装。

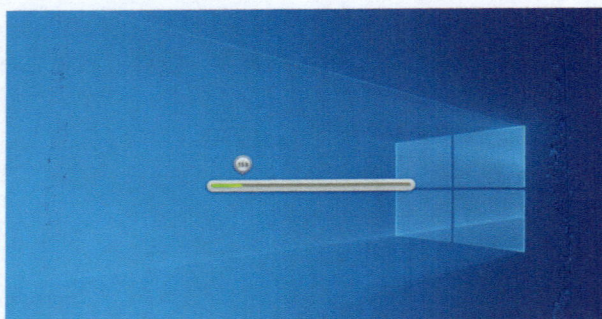

图 2-5-6　安装进度条

⑤ 安装完成后，即可在计算机桌面上看到 Mixly 软件的快捷方式"Mixly1_0_1"图标，如图 2-5-7 所示。

图 2-5-7　桌面上"Mixly1_0_1"图标

⑥ 双击 Mixly 图标，打开软件，界面如图 2-5-8 所示。

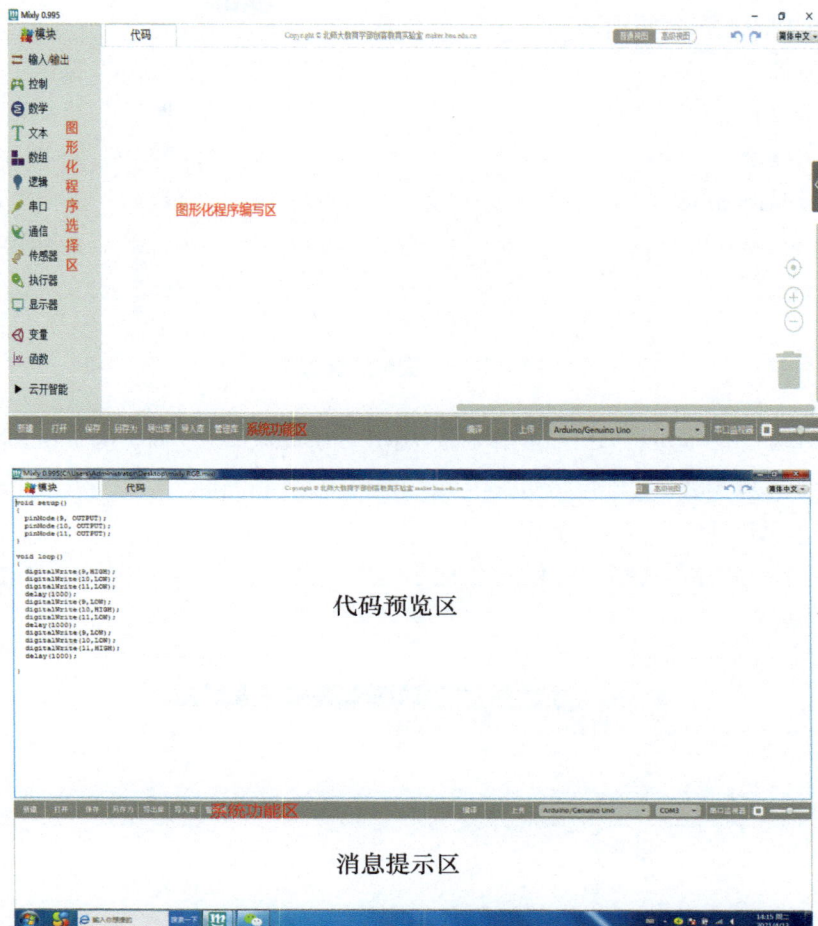

图 2-5-8　Mixly 软件打开后界面

5．USB 接口驱动安装

① 找到安装文件"硬件驱动"，如图 2-5-9 所示。

1、编程软件　　　Arduino 驱动无　　　硬件驱动
安装包　　　　　法安装解决方法

图 2-5-9　安装硬件驱动

② 根据计算机系统配置选择安装文件，64 位系统安装"dpinst-amd64"，32 位系统安装

"dpinst-x86"，如图 2-5-10 所示。

📁 _FT2X	2019/11/5 星期...	文件夹	
📁 Arduino	2019/11/5 星期...	文件夹	
📄 dpinst	2019/8/20 星期...	XML 文档	
🗐 dpinst-amd64	2019/8/20 星期...	应用程序	
🗐 dpinst-x86	2019/8/20 星期...	应用程序	
📄 licence	2019/8/20 星期...	文本文档	

图 2-5-10　安装配置选择

该软件适用于台式计算机与笔记本电脑，操作系统建议使用 Windows 7 以上的版本。

6．**图形化编程举例**

（1）电动机控制。

① 打开编程软件，选择"Arduino 智能小车"选项，如图 2-5-11 所示。弹出的界面如图 2-5-12 所示。

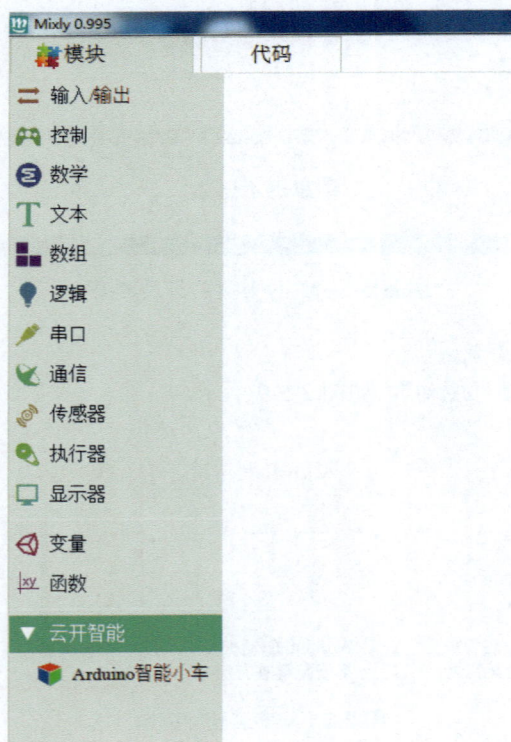

图 2-5-11　"Arduino 智能小车"选项

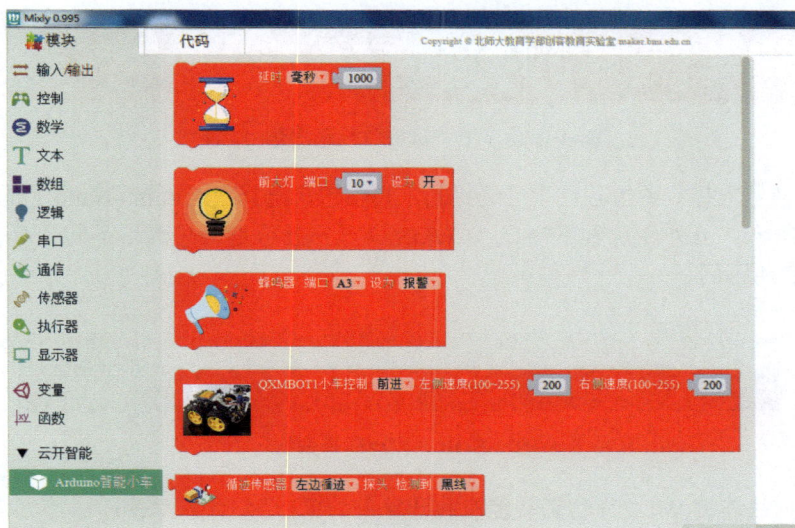

图 2-5-12　选择"Arduino 智能小车"选项后的界面

② 双击"小车控制"模块，出现图 2-5-13 所示界面。

图 2-5-13　执行"小车控制"选项后的界面

③ 根据项目需要，选择电动机运行模式，如图 2-5-14 和图 2-5-15 所示。

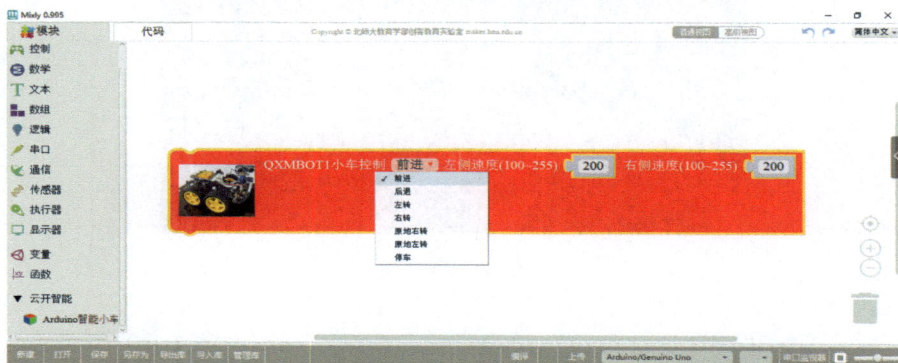

图 2-5-14　电动机运行模式选择（一）

图 2-5-15　电动机运行模式选择（二）

④ 芯片型号选择：单击芯片型号选择的下拉按钮，选择"Arduino Nano［atmega328］"，如图 2-5-16 所示。另外注意看下端口（COM3 位置）显示是否正确，不同计算机和接入端口该显示会有所不同。

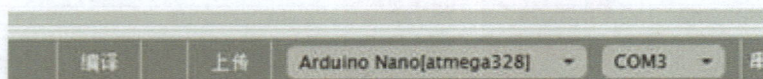

图 2-5-16　芯片型号选择

⑤ 用数据线连接 WT-ZN 仿真智能车和计算机，单击"上传"按钮，上传完毕后即可开始验证相关功能。

（2）红外避障功能实现。

① 确认低电压指示灯，如果灯亮，表示电压不足，需充电；反之，则电源电压充足。

② 调整红外避障传感器灵敏度，保证能识别到 10cm 距离，调整图 2-5-17 和图 2-5-18 所示电位器（左避障灵敏度调节和右避障灵敏度调节）。

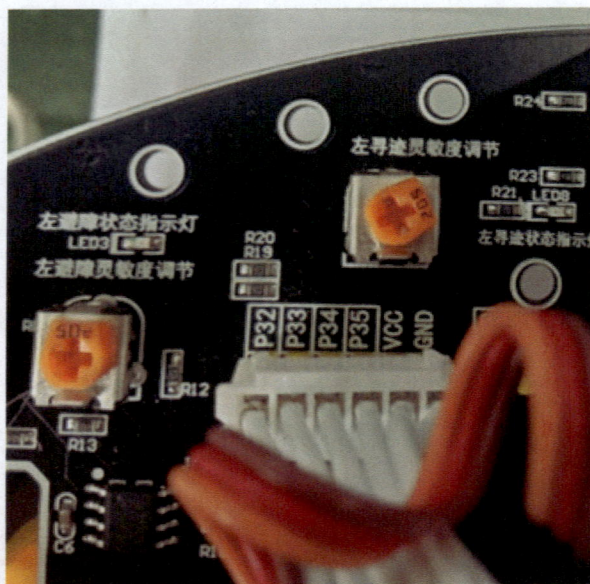

图 2-5-17　左避障灵敏度调节

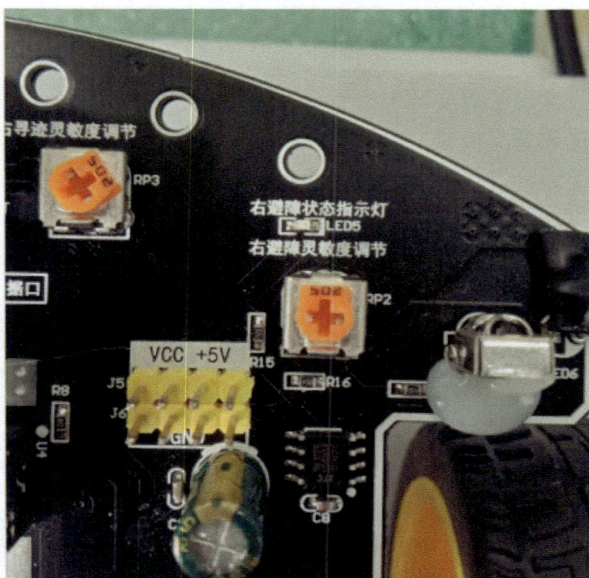

图 2-5-18 右避障灵敏度调节

项目总结

本项目主要包括部件认知、车辆安装、整车调试、电路认知和连接、软件环境安装 5 个任务。通过这 5 个任务的学习和实践，读者需要掌握以下内容。

1. 各种部件认知

WT-ZN 仿真智能车主要部件有板件（控制主板、底盘主板、顶板）、元器件（如超声波传感器、驱动电动机、车轮、电池盒、电池等）、辅件［塑料支架、线缆、各种螺钉（普通螺钉、自攻螺钉）、工具等］。对这些部件的形状、标准名称（如 USB 口和 B 型 USB 口）、尺寸、用途等有基本的认知，这对下一步车辆安装起到重要的基础准备作用。

2. 车辆组装

在部件认知基础上，按照指导教师安排和要求进行车辆组装。需要注意以下事项。

（1）严格按照组装的顺序进行。限于空间和装配规范，必须按照顺序进行装配，否则容易造成后续部件由于前面已安装部件遮挡（或位置）而不能或不便安装的情况。

（2）正确选择元器件和辅件。如塑料支架，规格尺寸不同；普通螺钉和自攻螺钉使用场合也不同；接口电缆的公母接头如果使用错误，再加上用力不当，就有可能造成部件的损坏。

（3）按照正确方式进行安装。在安装中有很多技巧，既需要听从教师的讲解和指导，又要细心地琢磨和分析（这种能力对就业之后的职业技能提升有很大帮助）。如自攻螺钉的拧紧，既要用螺钉旋具拧紧，又要用手托住底盘主板（否则自攻螺钉的转动会带动底盘主板同步动作，而不能达到拧紧的效果）。再如，车轮的安装，要用一个手指将车轮往里压，同时用另外一个手指向外推，形成合力方可将车轮装到位。否则极易将驱动电动机固定安装片压断（这个安装片没有备份，一旦损坏，后续所有的项目都无法进行）。

3. 整车调试

整车调试是本阶段学习的重要环节，也是对安装过程的一个检验，需要注意以下事项。

（1）通电之前一定要认真检查，主要检查电缆的连接、电源的安装是否正确，是否到位。在确认安装无误的情况下，方可接入电池（装电池时一定要注意正负极位置）。

（2）通电检测。第一次通电一定要谨慎：一是要看各种指示灯是否正确点亮，二是要时刻注意有无焦煳味出现，一旦闻到，无论指示灯是否正确点亮，都要务必关掉电源开关。

（3）在循迹和避障传感器灵敏度调试时，要注意障碍物的面积和距离是否符合标准（障碍物太小会导致辨别不准，距离太远会导致无法感知障碍）。调整微调开关时要采用一字螺钉旋具（便于调整角度的计算，水平和垂直相差90°）。一次调整角度不要过大，用力要轻，以免损坏调整元件。

4. 电路认知与连接

认知线路板（PCB）、面包板的形式和作用。了解电路连接基本知识，尝试连接简单电路，观察连接正确后的实验效果。

5. 软件环境安装

软件环境安装是后续项目实施的保障，也是学习的一个重要方面，需要注意以下事项。

（1）准确认识硬件和软件差异、相互之间的关系，以及软件环境在车辆运行中的重要性。

（2）了解 Arduino 和 Mixly 各为何种性质的产品，二者之间的关系，以及如何在实训项目中使用 Mixly 图形化编程软件等。

（3）掌握 Mixly 图形化编程软件的安装与条件设置，以确保后续实训项目得以正确的实施。

❑ 知识问答 ❑

1. WT-ZN 仿真智能车部件认知

（1）WT-ZN 仿真智能车驱动电动机的作用是（　　）。

A. 提供转向　　　　B. 提供动力　　　　C. 为车辆发电　　　D. 提供动力并转向

（2）WT-ZN 仿真智能车超声波传感器的作用是（　　）。

A. 探测障碍物　　　B. 识别红绿灯　　　C. 接收红外信号　D. 识别跑道

（3）WT-ZN 仿真智能车电池（18650型）单节标准电压是（　　）。

A. 4.2V　　　　　B. 8.4V　　　　　　C. 3.7V　　　　　　D. 5V

（4）WT-ZN 仿真智能车的（　　）连接充电器接口。

A. 顶板电源　　　　B.USB　　　　　　C.DC 接口　　　　　D. 灭火接口

（5）WT-ZN 仿真智能车的（　　）不是负责接收信号的元件。

A.Wi-Fi 通信模块　B. 蓝牙通信模块　C. 红外接收器　　　D. 遥控器

（6）WT-ZN 仿真智能车驱动电动机是（　　）。

A. 永磁直流电动机　B. 交流异步电动机　C. 永磁同步电动机　D. 无刷电动机

（7）WT-ZN 仿真智能车（　　）。

A. 无法转向　　　　　　　　　　　B. 通过改变前轮转动角度实现转向

C. 通过线控差速技术实现转向　　　D. 以上都错

（8）WT-ZN 仿真智能车蓝牙通信模块供电电压为（　　）。

A. 3.3V　　　　　B. 5V　　　　　C. 8.4V　　　　　　　　D. 以上都可以

（9）WT-ZN 仿真智能车一次可以使用（　　　）节 18650 型锂电池（串联）。

A. 1　　　　　　　B. 2　　　　　　C. 3　　　　　　　　　D. 以上都可以

（10）WT-ZN 仿真智能车关于 4 个电动机驱动器说法正确的是（　　　）。

A. 4 个电动机独立控制　　　　　　　　　　B. 4 个电动机非独立控制

C. 左右单侧均为独立控制　　　　　　　　　D. 以上都错

2. WT-ZN 仿真智能车组装

（1）WT-ZN 仿真智能车关于安装驱动电动机说法正确的是（　　　）。

A. 驱动电动机安装时电动机接线柱在外侧　　B. 先安装车轮再安装驱动电动机

C. 先安装驱动电动机再安装车轮　　　　　　D. 驱动电动机电源接头正反插均可

（2）WT-ZN 仿真智能车关于安装 Arduino 控制主板说法正确的是（　　　）。

A. 需要用到 6 根塑料支架　　　　　　　　　B. 主板自带电池不需供电

C. 安装控制主板需针脚对齐之后方可插入　　D. 以上说法都正确

（3）WT-ZN 仿真智能车关于排线连接说法正确的是（　　　）。

A. 电动机信号线为 6 芯接口　　　　　　　　B. 循迹 / 避障接口为 2 芯接口

C. 控制主板电源接口为 4 芯接口　　　　　　D. 以上说法均正确

（4）WT-ZN 仿真智能车关于舵机安装说法正确的是（　　　）。

A. 舵机排线为 3 根线　　　　　　　　　　　B. 舵机排线安装无正反区别

C. 舵机安装无正反区别　　　　　　　　　　D. 以上说法均正确

（5）WT-ZN 仿真智能车关于电池仓安装说法正确的是（　　　）。

A. 电池仓可以安装 2 节 18650 型电池　　　　B. 电池仓安装无正反区分

C. 可以使用 5 号干电池　　　　　　　　　　D. 以上均正确

（6）WT-ZN 仿真智能车 Arduino 控制主板输入电压是（　　　）。

A. 7 ～ 12V　　　B. 3 ～ 5V　　C. 6 ～ 8V　　　　D. 13 ～ 15V

（7）WT-ZN 仿真智能车中的舵机有 3 根线，分别是棕色、红色、橙色，其中红色线的作用是（　　　）。

A. 供电　　　B. 搭铁　　　C. 控制　　　　D. 以上都可以

（8）WT-ZN 仿真智能车超声波传感器组件中有 4 根线，其中 TRIG 线的作用是（　　　）。

A. 供电　　　B. 搭铁　　　C. 触发控制信号输入　　D. 回响控制信号输出

（9）WT-ZN 仿真智能车电池盒中的两节电池在电池盒中的连接方式是（　　　）。

A. 串联　　　B. 并联　　　C. 混联　　　D. 无所谓

（10）WT-ZN 仿真智能车电池正确安装完成后，将电源开关置于"开"位置。此时，整车共有（　　　）个指示灯点亮，表示整车工作状态正常。

A. 3　　　　B. 4　　　　C. 5　　　　　　D. 6

3. WT-ZN 仿真智能车调试

（1）WT-ZN 仿真智能车在直线循迹过程中总是往左跑偏驶离黑线，应（　　　）循迹传感器灵敏度。

A. 调整左侧　　B. 调整右侧　C. 都需要调整　　　D. 都不需要调整

（2）WT-ZN 仿真智能车在红外避障过程中，左侧总是撞到障碍物，说明左侧避障传感器感知距离（　　　）。

　　A. 正常　　　　　　　　B. 过短　　　　　　　C. 过长　　　　　　　　D. 不确定

（3）WT-ZN 仿真智能车整车通电时电源指示灯不亮，不可能出现的故障是（　　　）。

　　A. 指示灯部件故障　　B. 线路故障　　　　C. 需要激活　　　　　D. 软件故障

（4）WT-ZN 仿真智能车安装电池通电前一定要确认整车电源开关位置在（　　　）。

　　A. 开的位置　　　　　B. 关的位置　　　　C. 什么位置都可以　　D. 中间位置

（5）WT-ZN 仿真智能车调试红外避障时一定要在（　　　）环境下。

　　A. 自然光较弱　　　　B. 自然光较强　　　C. 黑暗　　　　　　　　D. 太阳光

4. WT-ZN 仿真智能车面包板、电路认知及实验

（1）电路线路板有很多优点，下列不是其优点的是（　　　）。

　　A. 线路简洁　　　　　B. 元器件布局合理　C. 便于批量生产　　D. 便于线路改动

（2）杜邦线一般分为几种类型，下面不属于杜邦线类型的是（　　　）。

　　A. 公对公　　　　　　B. 母对母　　　　　C. 公对母　　　　　　D. 无头导线

（3）下列不属于 Arduino 的特点的是（　　　）。

　　A. IDE 界面简单　　　B. 编程直接　　　　C. 开源代码　　　　　D. 手机即可编程

（4）Arduino 的输入 / 输出与（　　　）相关。

　　A. 数字输入　　　　　B. 数字运算　　　　C. 数字映射　　　　　D. 逻辑运算

（5）下列不是 Mixly 软件特点的是（　　　）。

　　A. 图形化编程　　　　B. 图形化界面　　　C. 提供代码界面　　D. 全是英文字母

5. WT-ZN 仿真智能车平台及图形化软件认识与安装

（1）Arduino 平台集成开发环境搭建中常用的编程软件不包括（　　　）。

　A. Scratch　　　　　　　　　　　　　B. Mixly

　C. Visual Studio 2010　　　　　　　　D.Arduino-1.8.2

（2）Arduino 平台集成开发环境安装中建议的系统版本是（　　　）。

　A.Windows 7 及以上版本系统　　　　　B.Windows XP

　C. Mac 操作系统　　　　　　　　　　　D.Linux 系统

　　（3）WT-ZN 仿真智能车的 Arduino 板通过自带的 USB 数据线连接至计算机 USB 接口，为了判断计算机是否已经成功安装了驱动，可以通过"我的计算机 / 此计算机→管理→（　　　）"选项查看。

　　A. 设备管理器→存储控制器→ Microsoft 存储空间控制器

　　B. 设备管理器→端口（COM 和 LPT）→ Arduino UNO

　　C. 设备管理器→监视器→通用即插即用监视器

　　D. 以上均不正确

　　（4）图形化编程软件 Mixly 界面主要分为 5 个区域：程序编辑区、程序选择区、代码预览区、系统功能区和（　　　）。

　　A. 画图区　　　　　　　　　　　　B. 控制面板区

　　C. 属性设置区　　　　　　　　　　D. 消息提示区

　　（5）编程完成后，使用 Mixly 上传代码前需要检查（　　　），正确即可上传。

　　A. 主板型号　　　　B. 串口号　　　　C. 主板型号和串口号　D. 不用检查

基础实训项目注意事项如下所述。

（1）以下 14 个实训项目均经过生产厂家和项目研发人员实际操作验证，如出现项目技术上无法实施的情况，需要及时联系生产厂家或万通汽车教育研究院技术联系人员，不得擅自拆卸车辆，否则易造成车辆损坏。

（2）14 个实训项目中，大多是建立在 WT-ZN 仿真智能车的标准配置基础之上的，部分项目的实训需要增配特殊配件（详见各实训项目器材清单）。增配部件可直接与生产厂商联系。

（3）在实训之前，指导教师必须认真阅读本项目指导手册，并对该项目进行实操验证，确定无误并掌握相应技术和实训规则后方可进行实训。

（4）项目设计一方面是依据车辆本身的技术性能，另一方面依据智能网联汽车的性能特点进行仿真。本阶段实训主要是为了提高学生学习兴趣，并不是以专业知识和理论为主，因此对相关功能实现的技术讲解不是项目实训的主要目的，指导教师必须非常清楚。

（5）项目竞赛环节是提高学生学习兴趣的重要环节，指导教师必须认真了解竞赛内容和竞赛规则，并尽可能让每一个学生都参与到竞赛的每一个环节中。竞赛规则也可根据学校和教师自身情况做相应修改和调整。

（6）项目设计是依据每个学生都有一辆仿真智能车（一个组有 6 辆），从项目的开始（含准备阶段），就要有计划地安排投入的车辆数。如安装调试，就可以小组为单位，先大家示范组装一辆，然后两人组装一辆等。在竞赛中，可有序逐个安排车辆参加实训，以避免全部车辆同时参加，由于管理和操作不当造成损坏。

任务一 大灯控制（智能灯光）实训

□ AR 资源——操作演示 □

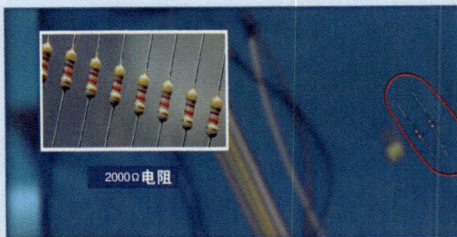

▲ 大灯控制 - 转向灯控制 - 上（组装部件）　　▲ 大灯控制 - 转向灯控制 - 下

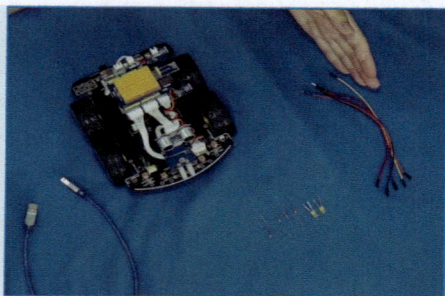
▲ 大灯控制 - 灯光闪烁 - 上

▲ 大灯控制 - 灯光闪烁 - 下

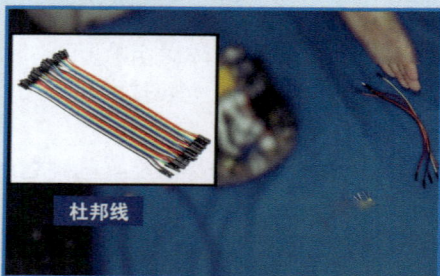
▲ 大灯控制 - 自适应灯光 - 上

▲ 大灯控制 - 自适应灯光 - 下

1．任务描述

（1）通过遥控开关和自动开关控制 WT-ZN 仿真智能车车灯达到 WT-ZN 仿真设定的效果。

（2）遥控开关。通过蓝牙无线通信模块遥控 WT-ZN 仿真智能车 LED 灯的开和关。

（3）自动开关。输入相应的程序，通过光线传感器实时采集环境光强度，经主控制器处理后控制车灯的开和关。

2．任务标准

（1）方向指示（遥控）定义，两灯分别为 A 灯、B 灯。A 灯与 B 灯均处于熄灭状态表示小车前进，A 灯闪烁（B 灯灭）表示左转弯，B 灯闪烁（A 灯灭）表示右转弯，A 灯与 B 灯均处于点亮状态表示小车后退。

（2）大灯（遥控），A 灯、B 灯同时常亮或常灭。

（3）应急灯（遥控），A 灯、B 灯同时闪烁。

（4）自适应灯（自动），通过光敏电阻感应光线控制 A、B 两灯（遮光点亮，透光熄灭）。

（5）生物识别控制，从左往右挥手，仿真智能车关闭车灯；从右往左挥手，仿真智能车开启车灯。

 注意

操作通电前，须经质检员认真检查，并由老师确认线路连接正常，无短路、断路及错接情况方可批准通电。相应程序写入正常，无违规操作。

3. 实训准备

（1）实训以小组（5 人 / 组）为单位，每组成员职责如表 3-1-1 所示。

表 3-1-1 实训小组成员职责

序号	岗位名称	工作范围	备注
1	组长	1.领取实训器材、资料 2.现场人员分工、协调 3.现场安全检查及指挥、计时，向教师汇报或求助 4.实训总结	1.遇到问题组长应及时反馈给教师 2.仿真智能车通电前，必须经教师检查并同意 3.需要进行3级（质检员、组长、教师）总结，现场记录
2	主操作手	1.查看相应的资料，检查及拼装仿真智能车组件 2.写入相关的程序 3.现场接线、焊接、调试等实操及演示	
3	副操作手	1.辅助主操作手完成仿真智能车组装及调试 2.负责查询及提供资料 3.工具准备及仿真智能车现场事故处理 4.必要时临时替代主操作手操作	
4	质检员	1.检查线路连接是否错误，如有错应制止通电操作 2.检查输入的程序是否准确及规范 3.对完成检查的质量情况打分 4.检查现场操作是否符合6S管理	
5	6S管理员	1.检查现场工具及设备摆放是否整齐、合理 2.检查实训结束后是否整理、清洁实训场所 3.记录每一个操作步骤 4.记录质检员发现的问题 5.记录全过程，结束后，做3min总结	

（2）实训器材。实训所需器材（以单车为标准）如表 3-1-2 所示。

表 3-1-2 实训器材

序号	器材名称	数量	说明
1	WT-ZN仿真智能车	1	原车中均已配置
2	1kΩ电阻	2	
3	10kΩ电阻	1	
4	LED黄灯	2	
5	5516光敏电阻	1	
6	公对母杜邦线	6	

（3）实训场地。选择在室内浅色地面进行实训。

4．实训操作

（1）查询资料，组装智能小车相应组件。

大灯控制连接电路原理如图 3-1-1 所示。

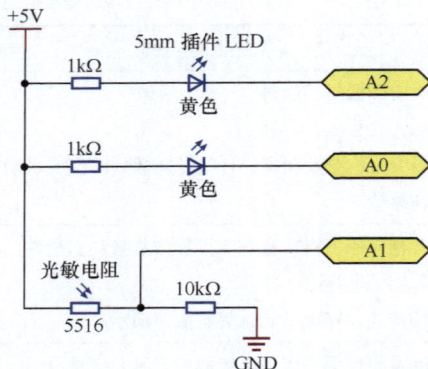

图 3-1-1　大灯控制连接电路原理

大灯控制线路连接示意与实景如图 3-1-2 所示。

（a）线路连接示意　　　　　　　　　　（b）线路连接实景

图 3-1-2　大灯控制线路连接示意与实景

（2）现场质检员检查组装及线路连接，如无问题，报告教师。

（3）调入并调整相应程序。

步骤一：调入并调整方向指示（两灯分别为 A 灯、B 灯）图形化程序，如图 3-1-3 所示。

步骤二：调入并调整 A 灯、B 灯同时闪烁图形化程序，如图 3-1-4 所示。

步骤三：调入并调整自适应灯光（自动）图形化程序，如图 3-1-5 所示。

（4）测试与联调。由副操作手手势指挥，主操作手启动程序。

（5）对照项目设计要求，检测仿真智能车是否按照指定方式进行灯光显示。并做好参加竞赛的准备。

（6）实训准备及调试时间为 90min。

图 3-1-3 方向指示图形化程序

图 3-1-4 两灯同时闪烁图形化程序

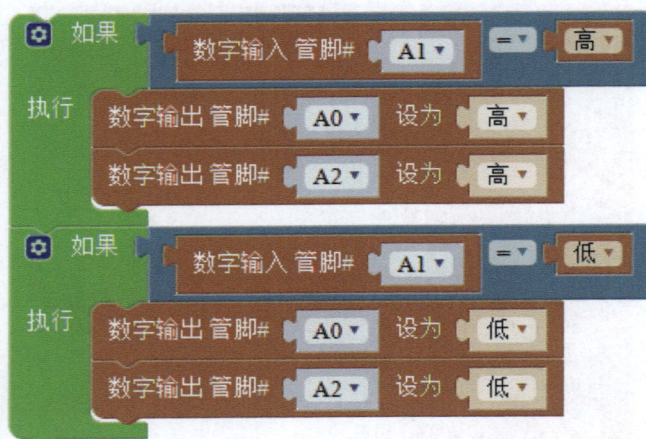

图 3-1-5 自适应灯光图形化程序

5. 竞赛与考核

（1）本项目考核通过竞赛过程完成。以小组成绩计分，并累计得出名次。

（2）按规定采用遥控和程控两种方式进行操作和竞赛。

（3）抽签确定各组竞赛先后顺序。

（4）竞赛须按照规定方式（主、副操作手规范配合）完成指定灯光显示效果。

（5）竞赛成绩为3轮时间的平均值，时间最短组为优胜。各组依次轮流进行竞赛（按抽签顺序单循环）。每次竞赛时，主、副操作手需更换（6人更换3次）。

6. 6S 项目管理

项目完成后，须填写附录中的 6S 管理考核表。

任务二 蓝牙遥控（速度比拼）实训

········□ AR 资源——操作演示 □········

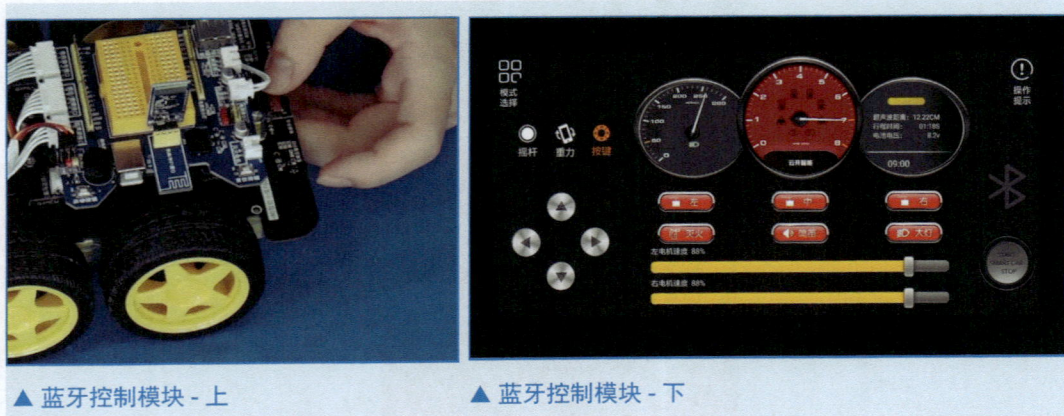

▲ 蓝牙控制模块 - 上　　　　▲ 蓝牙控制模块 - 下

1．任务描述

（1）利用仿真智能车的循迹功能，使得车辆可以在规定的线路上行驶。

（2）可以多车行驶在赛道上进行速度比拼。

（3）通过 PWM 调速控制，可进行单车复杂赛道竞赛。

2．任务标准

（1）单车直线赛道（室内 10m，室外 30m），在不偏离赛道的情况下，以到达终点时间最短为优胜。

（2）多车直线赛道（以组为单位，每组 2～3 辆同时竞技，室内 10m，室外 30m），在不偏离赛道的情况下，以小组所有仿真智能车到达终点时间最短为优胜。

（3）单车复杂赛道（环形，S 形，8 字形，自定义），在不偏离赛道、车辆不碰撞的情况下（可以使用 PWM 调速控制），以组为单位，仿真智能车到达终点时间最短为优胜。

3．实训准备

（1）实训以小组（6 人／组）为单位。每组成员职责设置如表 3-2-1 所示。

表 3-2-1　实训小组成员职责

序号	岗位名称	工作范围	备注
1	组长	1.领取实训器材、资料 2.现场人员分工、协调 3.现场安全检查及指挥、计时 4.向教师寻求帮助 5.与副操作手一起，根据教师的要求布置现场或线路	1.遇到问题组长应及时反馈给教师 2.仿真智能车通电前，必须经教师检查并同意 3.需要进行 3 级（现场记录员、组长、教师）总结，现场记录
2	主操作手	1.查看相应的资料，与副操作手协商，拼装仿真智能车组件 2.写入相关的程序 3.现场接线、焊接、调试等实操及演示	
3	副操作手	1.辅助主操作手完成仿真智能车组装及调试 2.负责查询及提供资料 3.工具准备及仿真智能车现场事故处理 4.必要时，临时替代主操作手操作 5.根据教师的要求布置线路	
4	质检员	1.检查线路连接是否错误，如有错应制止通电操作 2.对主、副操作手有争议的问题，可以参与讨论 3.检查输入的程序是否准确及规范 4.对完成检查的质量情况打分 5.对不规范操作有权制止	
5	现场记录员	1.记录每一个操作步骤 2.记录质检员发现的问题，及时汇报组长和教师 3.记录全过程，结束后，做3min总结	

续表

序号	岗位名称	工作范围	备注
6	6S管理员	1.检查现场工具及设备摆放是否整齐、合理 2.检查现场操作是否符合6S管理 3.检查结束后是否整理、清洁实训场所 4.检查实训器材是否归位	1.遇到问题组长应及时反馈给教师 2.仿真智能车通电前，必须经教师检查并同意 3.需要进行3级（现场记录员、组长、教师）总结，现场记录

（2）实训器材。WT-ZN 仿真智能车 2～3 辆（备用 1 辆）、用于粘贴车道标志的黑色胶带（宽 30～40mm）、超声波传感器、蓝牙模块、手机（Android 系统）等，如表 3-2-2 所示。

表 3-2-2　实训器材

序号	器材名称	数量	说明
1	WT-ZN仿真智能车	3	原车中均已配置
2	公对母杜邦线	6	
3	蓝牙模块	1	
4	超声波传感器	1	
5	黑色胶带	1	自备
6	手机	1	

（3）实训场地。实训选择在室内浅色地面进行。

4．实训操作

（1）查询资料，安装仿真智能车超声波传感器。选择蓝牙模块，如图 3-2-1 所示。

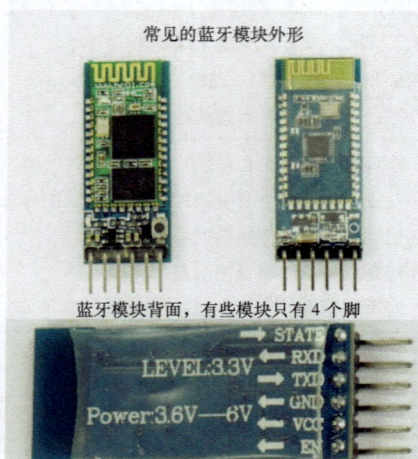

图 3-2-1　蓝牙模块

　　将蓝牙模块直接插在仿真智能车控制主板的 BLUE/Wi-Fi 接口上，如图 3-2-2 所示。蓝牙模块有芯片的这一面朝向仿真智能车外，切勿装反。

图 3-2-2　蓝牙模块安装示意

　　打开仿真智能车电源，在手机（Android 系统）上安装遥控软件（云开智能小车 App）。

　　安装完成后进入"设置→蓝牙"，打开蓝牙，点击"搜索"，当"可用设备"中出现"33:33:0C:04:00:1D"（左侧图标为蓝色）时，这就是所需的蓝牙模块，如图 3-2-3 所示。

图 3-2-3　蓝牙设备搜索

　　初次搜索通常出现的是地址，如用户使用环境中有很多蓝牙设备存在，可以一个一个点击尝试配对，弹出配对框（见图 3-2-4）后输入 PIN "1234"，然后点击"确定"按钮，配对成功后手机中已配对设备就会显示蓝牙名称，通常为 HC-06、BT04-A、BT05、J3Y 等。如果在可用设备中没有搜索到蓝牙模块，多搜索几次并检查蓝牙模块是否通电。

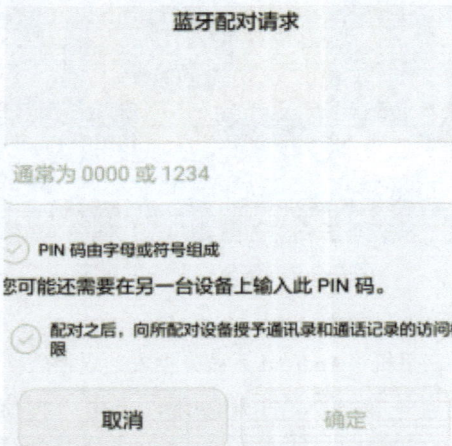

图 3-2-4　蓝牙模块识别配对

　　配对成功后，在手机上打开云开智能小车 App，点击"连接"，在弹出的窗口中选择对应蓝牙，如图 3-2-5 所示。连接成功后蓝牙模块的指示灯由闪烁变为常亮，这时候就可以遥控仿真智能车了。

图 3-2-5　通过蓝牙模块连接操作

　　（2）现场质检员检查组装及线路连接，如无问题，报告教师。

　　（3）将蓝牙程序调入并调整。舱机初始化程序如图 3-2-6 所示，蓝牙控制程序如图 3-2-7 所示。

　　（4）教师再次检查组装及线路连接是否有错，如正确则同意通电（如有问题则要求改正）。

　　（5）在指定场地，分别根据任务标准要求进行调试。

　　（6）单车或多车行驶，主要要求的是速度。

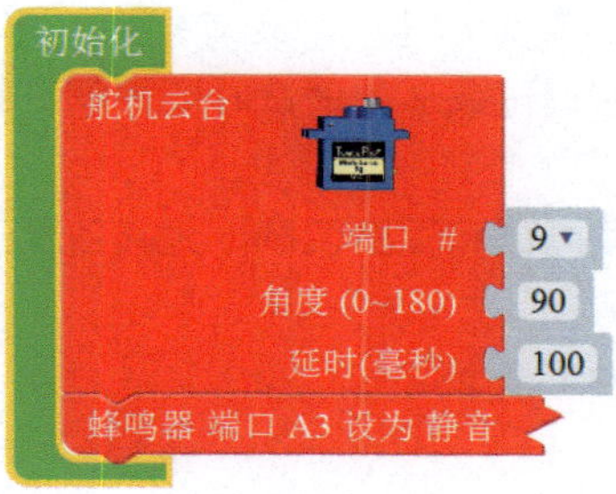

图 3-2-6　舵机初始化程序

（a）蓝牙控制程序（一）

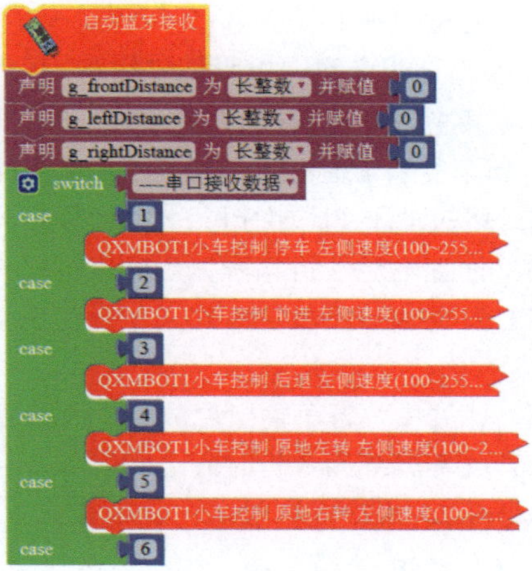

（b）蓝牙控制程序（二）

（c）蓝牙控制程序（三）

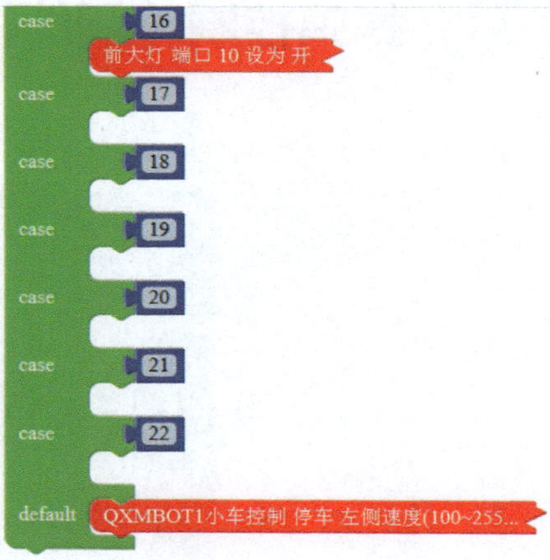

（d）蓝牙控制程序（四）

图 3-2-7　蓝牙控制程序

（7）单车复杂车道，比拼的不光是速度，还有技巧。尤其是在弯道时，速度不能过快，过快就会导致翻车。所以在程序调试或遥控调试时要根据直线车道的长度、到达弯道的时间等，及时调整车速。

（8）各种车道都要进行反复测试和程序调试，尤其是复杂车道，一定要调试运行到既能满足速度要求，又不能翻车的情况。

（9）实训准备及调试时间为 120min。

5. 竞赛与考核

（1）本项目考核通过竞赛过程完成。以小组成绩计分，并累计得出名次。

（2）按规定分为以下 3 个赛项进行。

① 单车直线竞赛。按照规定线路，循环 3 次，以累计时间最短为优胜。每次循环其主、副操作手必须更换。

② 多车直线竞赛。按照规定线路，循环 3 次，以本组所有车辆到达累计时间最短为优胜。每次循环其主、副操作手必须更换（由实训教师指定多车数量）。

③ 单车复杂车道竞赛。在上述两个项目完成之后，方可进行第三个赛项。在实训时就要进行标准线路的设计（比如 S 形、8 字形等），其长度、宽度都要明确，以便于各组进行训练或调试。

（3）抽签确定各组竞赛先后顺序。

（4）竞赛须按照规定方式（主操作手下达指令，副操作手操作车辆）相互配合，完成竞赛内容。

（5）比赛中，若车辆出现故障、跑出赛道或翻车，则将重新自起点开始，时间不另计算。

（6）竞赛成绩为 3 轮时间之和除以 3 且时间最短组为优胜。各组依次轮流进行（按抽签顺序单循环）。每次竞赛时，主、副操作手需更换（6 人更换 3 次）。

6. 6S 项目管理

项目完成后，须填写附录中的 6S 管理考核表。

任务三 蜂鸣控制（智能报警）实训

□ AR 资源——操作演示 □

▲ 智能报警

1. 任务描述

（1）利用仿真智能车蜂鸣器功能，进行智能报警控制。

（2）通过设置，有提示报警、应急报警、报警停车 3 种形式。

（3）车辆可通过红外、蓝牙、Wi-Fi、红外避障传感器遥控方式触发蜂鸣器并以 10Hz 的频率报警。

2. 任务标准

（1）提示报警：一长一短（短 1s，长 3s）。

（2）应急报警：三短循环 3 次（每次间歇 3s）。

（3）报警停车：停车后持续短报警 5 次，间歇 3s，循环 3 次。

3. 实训准备

（1）实训以小组（6 人 / 组）为单位。每组成员职责设置如表 3-3-1 所示。

表 3-3-1　实训小组成员职责

序号	岗位名称	工作范围	备注
1	组长	1.领取实训器材、资料 2.现场人员分工、协调 3.现场安全检查及指挥、计时 4.检查实训学生穿戴或安全措施	1.遇到问题组长应及时反馈给教师 2. 仿真智能车通电前，必须经教师检查并同意 3. 需要进行 3 级（现场记录员、组长、教师）总结，现场记录
2	主操作手	1.查看相应的资料，与副操作手合作讨论，拼装仿真智能车组件 2.写入相关的程序 3.现场接线、焊接、调试等实操及演示	
3	副操作手	1.辅助主操作手完成仿真智能车组装及调试 2.负责查询及提供资料 3.工具准备及仿真智能车现场事故处理 4.验证是否符合实训要求	
4	质检员	1.检查线路连接是否错误，如有错应制止通电操作 2.检查输入的程序是否准确及规范 3.对完成检查的质量情况打分 4.参与验证实训结果是否符合实训标准	
5	现场记录员	1.记录每一个操作步骤 2.记录质检员和6S管理员发现的问题 3.记录全过程，结束后，做3min总结	
6	6S管理员	1.检查现场工具及设备摆放是否整齐、合理 2.检查现场操作是否符合6S管理 3.检查结束后是否整理、清洁实训场所 4.与现场记录员协作，便于记录员汇报工作	

（2）实训器材。WT-ZN 仿真智能车 1 辆（备用 1 辆）、对应传感器、程序及相关工具等。

（3）实训场地。选择在室内浅色地面进行实训。

4. 实训操作

（1）查询资料，组装智能小车相应组件。调试红外避障模块。把组装好的仿真智能车装上电池，首先确认调整位置，找到线路板上左、右避障灵敏度调节电位器 RP1 和 RP2，如图 3-3-1 所示。准备一把一字螺钉旋具。

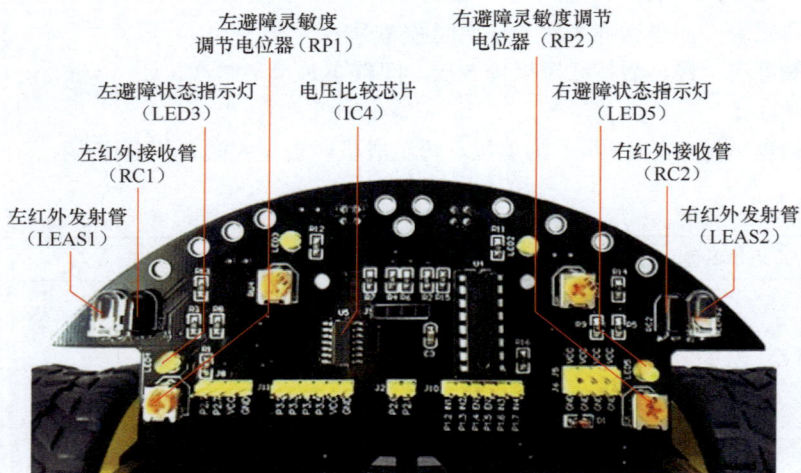

图 3-3-1　红外避障模块调试位置

将仿真智能车放置在自然光弱或无自然光的环境中。在车前方约 10 cm 处放置一个障碍物，先用螺钉旋具以顺时针方向缓慢地微调 RP1 电位器，直至 LED3 指示灯亮起；再用相同的手法调节 RP2 电位器，直至 LED5 指示灯亮起。然后将障碍物移至仿真智能车前方大约 12 cm 处，逆时针微调 RP1、RP2 电位器直至 LED3、LED5 指示灯熄灭即可。最终调试需达到当障碍物在仿真智能车前面 10 cm 内时指示灯亮、超出 12 cm 时指示灯同时灭的效果，如图 3-3-2 和图 3-3-3 所示。

图 3-3-2　遇障调试灯亮状态

图 3-3-3　无障（或障碍物距离超出 12cm）灯灭状态

（2）现场质检员检查组装及线路连接，如无问题，报告教师。

（3）调入相应程序并进行调整，如图 3-3-4 ～图 3-3-6 所示。

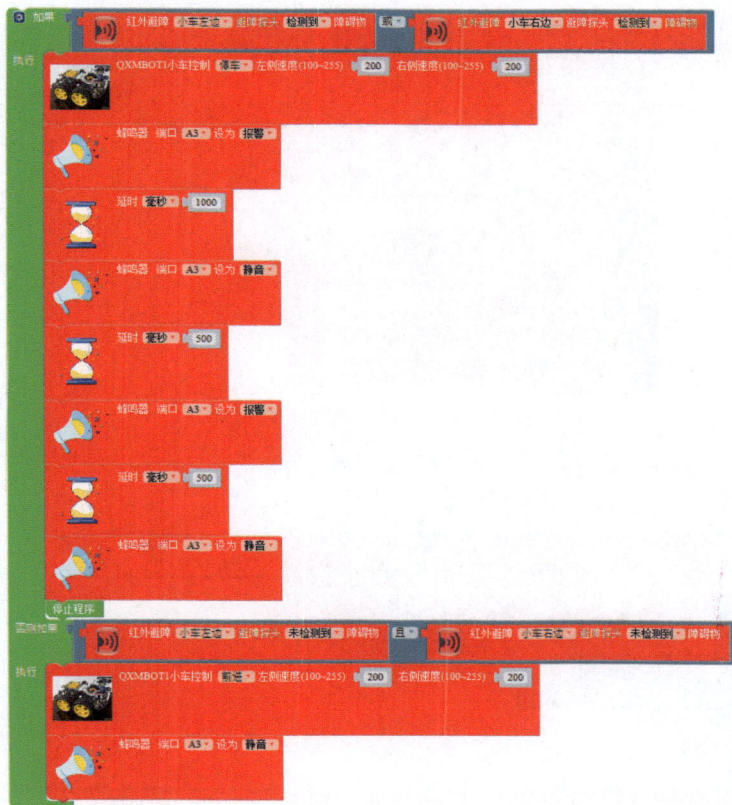

图 3-3-4 提示报警程序

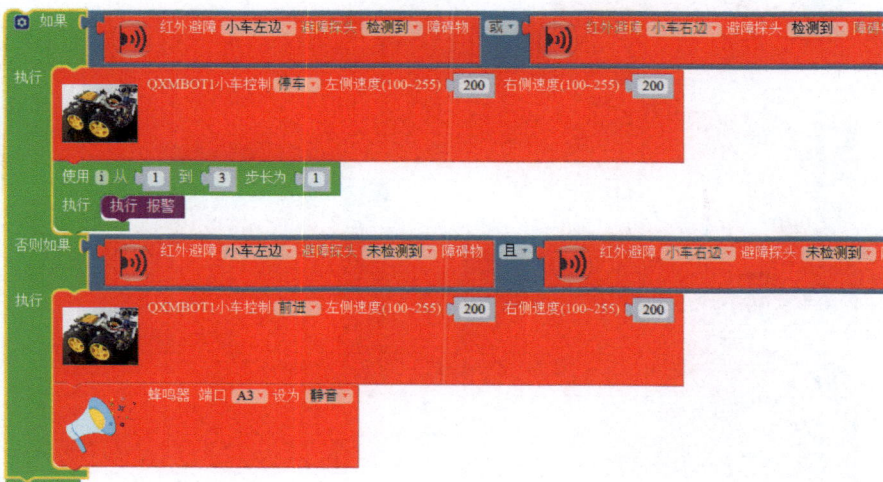

图 3-3-5 应急报警程序

图 3-3-5　应急报警程序（续）

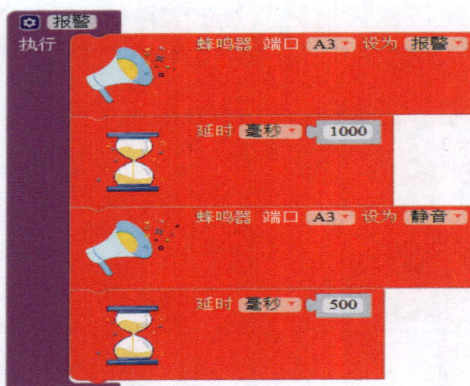

图 3-3-6　报警停车程序

5．竞赛与考核

（1）本项目考核通过竞赛过程完成。以小组成绩计分，并累计得出名次。

（2）竞赛按前述任务标准的规定分为提示报警、应急报警、报警停车 3 个赛项进行。

注意

每个赛项分别进行 3 次。

（3）抽签确定各组竞赛先后顺序。

（4）竞赛须按照规定方式（主操作手下达指令，副操作手操作车辆）相互配合，完成竞赛内容。

（5）比赛中，若车辆出现故障如无声音、不停车等情况，可重新开始，时间不另计算。

（6）竞赛成绩为 3 轮时间之和除以 3，且时间最短组为优胜。各组依次轮流进行（按抽签顺序单循环）。每次竞赛时，主、副操作手需更换（6 人更换 3 次）。

6．6S 项目管理

项目完成后，须填写附录中的 6S 管理考核表。

任务四　炫彩RGB灯（炫彩变换）实训

▫ AR 资源——操作演示 ▫

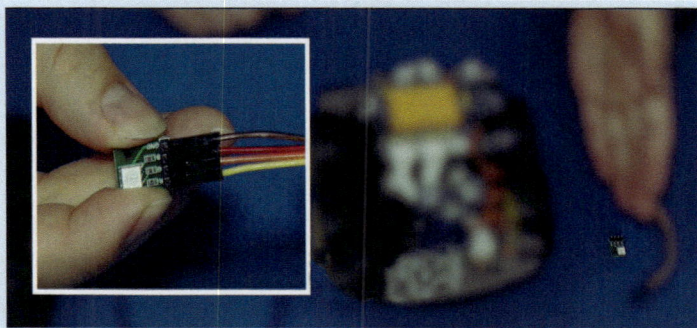

▲ 炫彩 RGB

1．任务描述

（1）功能实现：使用 Arduino 控制主板控制 RGB 灯模块（见图 3-4-1）分别显示红色、绿色、蓝色。

（2）实现形式：顺序显示（红、绿、蓝）。

（3）通过本项目的实训，充分了解未来智能网联汽车在灯光显示和控制方面的功能。如车内氛围灯、自动灯光识别、报警灯光显示方式等。

图 3-4-1　RGB 灯模块

2．任务标准

顺序显示：按照红、绿、蓝的顺序依次各显示 1s。

3．实训准备

（1）实训以小组（6 人 / 组）为单位。每组成员职责设置如表 3-4-1 所示。

表 3-4-1　实训小组成员职责

序号	岗位名称	工作范围	备注
1	组长	1.领取实训器材、资料 2.现场人员分工、协调 3.现场安全检查及指挥、计时 4.检查实训学生穿戴或安全措施	
2	主操作手	1.查看相应的资料，与副操作手合作讨论，拼装仿真智能车组件 2.写入相关的程序 3.现场接线、焊接、调试等实操及演示	1.遇到问题组长应及时反馈给教师 2.仿真智能车通电前，必须经教师检查并同意 3.需要3级（现场记录员、组长、教师）总结，现场记录
3	副操作手	1.辅助主操作手完成仿真智能车组装及调试 2.负责查询及提供资料 3.工具准备及智能小车现场事故处理 4.验证是否符合实训要求	
4	质检员	1.检查线路连接是否错误，如有错应立即制止通电操作 2.检查输入的程序是否准确及规范 3.对完成检查的质量情况打分 4.参与验证实训结果是否符合实训标准	
5	现场记录员	1.记录每一个操作步骤 2.记录质检员和6S管理员发现的问题 3.记录全过程，结束后做3min总结	
6	6S管理员	1.检查现场工具及设备摆放是否整齐、合理 2.检查现场操作是否符合6S管理 3.检查结束后是否整理、清洁实训场所 4.与记录员协作，便于记录员汇报工作	

（2）实训器材。实训所需器材（以单车为标准）如表 3-4-2 所示。

表 3-4-2　实训器材

序号	器材名称	数量	说明
1	WT-ZN仿真智能车	1	RGB灯模块需另配
2	RGB灯模块 （共阴）	1	
3	母对母彩色杜邦线	4	已配

（3）实训场地。实训选择在室内浅色地面进行。

4．实训操作

（1）查询资料，组装 RGB 灯模块组件。

（2）按照项目设计要求进行相关线路连接。接线说明如图 3-4-2 所示。

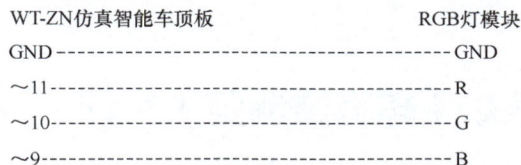

```
WT-ZN仿真智能车顶板                    RGB灯模块
GND ----------------------------------------GND
～11-----------------------------------------R
～10-----------------------------------------G
～9------------------------------------------B
```

图 3-4-2　接线说明

（3）程序安装与调试。按照 RGB 灯顺序显示程序，设置数字 I/O 口即 9、10、11 口为输出模式，如图 3-4-3 所示。

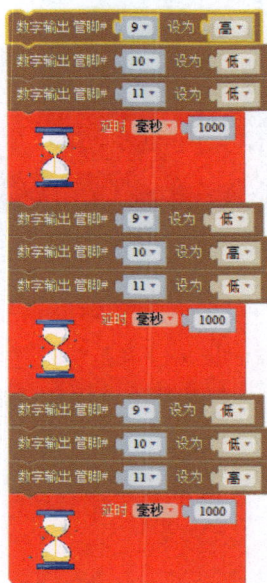

图 3-4-3　RGB 灯顺序显示程序

（4）现场质检员检查组装及线路连接，如无问题，报告教师。

（5）测试与联调。由副操作手手势指挥，主操作手启动程序。

（6）对照项目设计要求，检测仿真智能车是否按照指定方式进行灯光显示。并做好参加竞赛的准备。

（7）实训准备及调试时间：60min。

5. 竞赛与考核

（1）本项目考核通过竞赛过程完成。以小组成绩计分，并累计得出名次。

（2）按要求进行该赛项。按红、绿、蓝顺序依次各显示 1s。

（3）抽签确定各组竞赛先后顺序。

（4）竞赛须按照规定方式（主操作手下达指令，副操作手操作车辆）相互配合，完成竞赛内容。

（5）比赛中，若车辆出现故障如无显示、无灯光等情况，可重新开始，时间不另计算。

（6）竞赛成绩为用时最短组为优胜。各组依次轮流进行（按抽签顺序进行）。

6. 6S 项目管理

项目完成后，须填写附录中的 6S 管理考核表。

任务五　智能感知（超声波测距）实训

□ AR 资源——操作演示 □

▲ 超声波测距

1. 任务描述

（1）智能感知是通过车辆所具有的超声波测距功能进行距离的测试（间隔 200ms，距离小于 8cm 时调用蜂鸣器报警），并可模拟智能汽车倒车雷达形式，当车辆与障碍物距离小于一定数值时，车辆蜂鸣器将进行报警。

（2）实现形式：分为定距测试和模拟倒车雷达两种形式，分别进行固定距离的测试及位置移动时的距离测试。

2. 任务标准

（1）定距测试。做 4m、3m、2m、1m、0.5m 的定距测试，将测试数据在手机屏幕上显示，以实际测量和屏幕显示数据相同为合格（最近 20mm、最远 4m）。

（2）倒车雷达。车辆行驶遇障停车报警后，测量距离，6～10cm 为合格。

3．实训准备

（1）实训以小组（5 人 / 组）为单位。每组成员职责设置如表 3-5-1 所示。

表 3-5-1 实训小组成员职责

序号	岗位名称	工作范围	备注
1	组长	1.领取实训器材、资料 2.现场人员分工、协调 3.现场安全检查及指挥、计时 4.向教师寻求帮助 5.与副操作手一起，根据教师的要求布置现场和测试距离	1.组长遇到问题时应及时反馈给教师 2.仿真智能车通电前，必须经教师检查并同意 3．需要进行 3 级（现场记录员、组长、教师）总结，现场记录
2	主操作手	1.查看相应的资料，与副操作手协商，拼装仿真智能车组件 2.写入相关的程序 3.现场接线、焊接、调试等实操及演示	
3	副操作手	1.辅助主操作手完成仿真智能车组装及调试 2.负责查询及提供资料 3.工具准备及仿真智能车现场事故处理 4.必要时，临时替代主操作手操作 5.根据教师的要求测试距离并验收结果	
4	质检员	1.检查线路连接是否错误，如有错应立即制止通电操作 2.对主、副操作手有争议的问题，可以参与讨论 3.检查输入的程序是否准确及规范 4.对完成检查的质量情况打分 5.对不规范操作有权制止	
5	6S管理员	1.记录每一个操作步骤 2.记录质检员发现的问题 3.检查现场工具及设备摆放是否整齐、合理 4.检查结束后是否整理、清洁实训场所 5.检查实训器材是否归位 6.记录全过程，结束后做3min总结	

（2）实训器材。实训所需器材（以单车为标准）如表 3-5-2 所示。

表 3-5-2 实训器材

序号	器材名称	数量	说明
1	WT-ZN仿真智能车	1	原车中均已配置
2	HC-SR04超声波传感器模块	1	
3	计算机	1	自备

（3）实训场地。可在室内浅色地面进行实训。

4. 实训操作

（1）测距实训操作。

① 查询资料，组装仿真智能车相应组件，确认项目所需功能部件位置，如图 3-5-1 所示。

② 现场质检员检查组装及线路连接，如无问题，报告教师。

③ 调入并调整测距相应程序。

a. 测距图形化程序如图 3-5-2 所示。

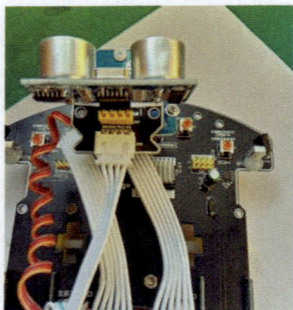

图 3-5-1 超声波传感器位置

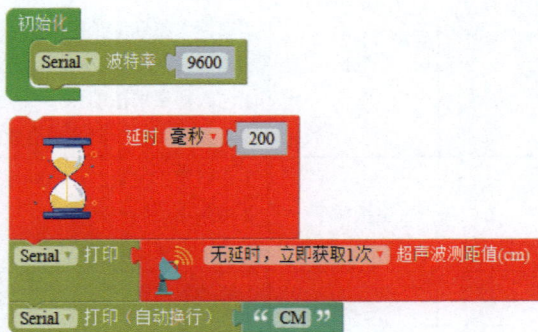

图 3-5-2 超声波测距图形化程序

b. 验证功能。将仿真智能车与计算机保持连接状态，单击"串口监视器"，如图 3-5-3 所示。

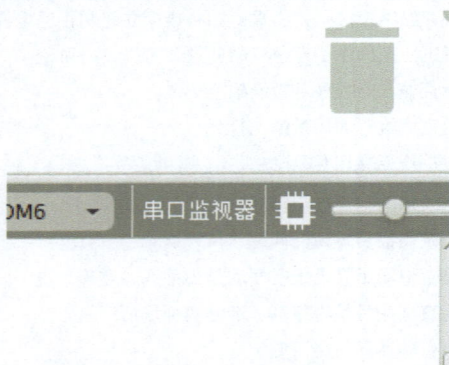

图 3-5-3 串口监视器界面

可看到如下串口数据显示界面，如图 3-5-4 所示。调整障碍物与超声波传感器的距离，可观察到界面中的数值发生变化。

c. 测试与联调。由副操作手手势指挥，主操作手启动程序。

d. 对照项目设计要求，仿真智能车应能在 2cm ～ 4m 间进行测距。

e. 实训准备及调试时间：30min。

（2）倒车雷达。

① 查询资料，组装仿真智能车相应组件。

② 现场质检员检查组装及线路连接，如无问题，报告教师。

③ 调入并调整倒车雷达相应程序。

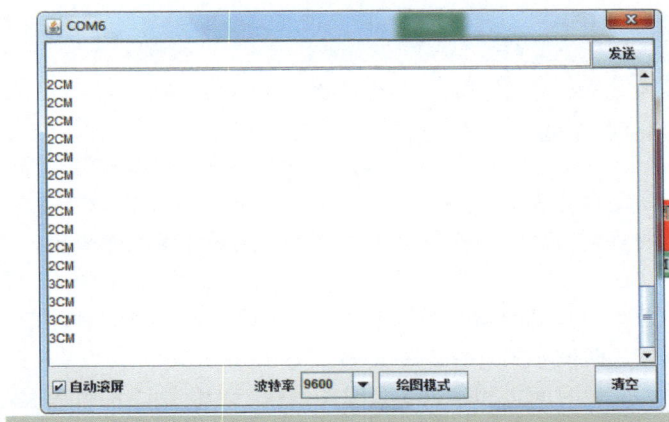

图 3-5-4　串口数据显示界面

a. 倒车雷达程序如图 3-5-5 所示。

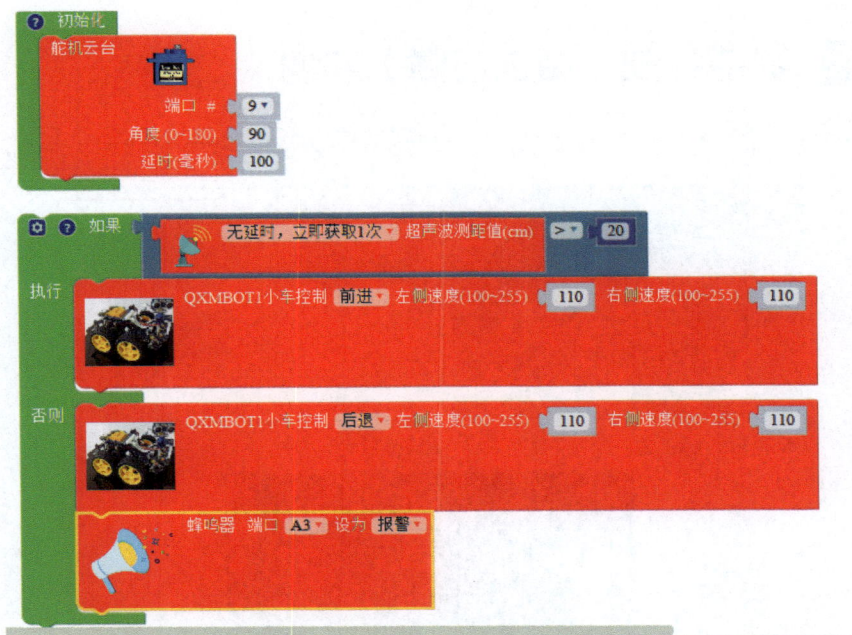

图 3-5-5　倒车雷达程序

b. 验证功能。功能说明：超声波传感器检测到障碍物大于 20cm 时前进，若小于 20cm 后退并报警，也可将程序设置为停止并报警，只要将"小车控制"由"后退"改为"停止"即可。

c. 实训准备及调试时间：40min。

5．**竞赛与考核**

（1）智能感知项目考核通过竞赛过程完成。以小组成绩计分，并累计得出名次。

（2）按前述任务标准中的规定分为定距测试、倒车雷达 2 个赛项进行竞赛。

每个赛项分别进行 3 次。

（3）抽签确定各组竞赛先后顺序。

（4）竞赛须按照规定方式（主操作手下达指令，副操作手操作车辆）相互配合，完成竞赛内容。

（5）比赛中，若出现车辆故障、手机无显示，或模拟倒车雷达时，车辆不停止、不报警等情况，可重新开始，时间不另计算。

（6）竞赛成绩为 3 轮时间之和除以 3 且时间最短组为优胜。各组依次轮流进行（按抽签顺序单循环）。每次竞赛时，主、副操作手需更换（6 人更换 3 次）。

6. 6S 项目管理

项目完成后，须填写附录中的 6S 管理考核表。

任务六 智能行驶（循迹避障）实训

□ AR 资源——操作演示 □

▲ 智能行驶 - 上

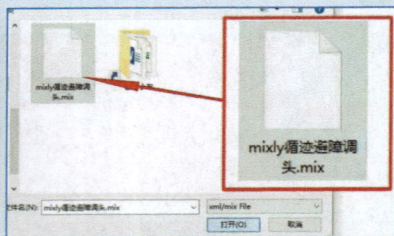

▲ 智能行驶 - 中

▲ 智能行驶 - 下

1. 任务描述

（1）循迹避障是智能汽车的一项重要功能，通过对障碍物的识别，使得车辆能够及时报警并正确处理。

（2）实现形式。由循迹测障、循迹遇障返回、循迹避障 3 种形式决定车辆行驶和动作。

（3）智能行驶是智能网联汽车的一项基本功能，读者通过上述项目的学习和实训，可以认知智能汽车的相关功能，并可以模拟车辆行驶和避障处理操作过程。

2. **任务标准**

（1）L1 智能行驶。在指定跑道上循迹行驶，当出现障碍物时，停车等候，需人工将障碍物移除后继续循迹行驶。

（2）L2 智能行驶。在指定跑道上循迹行驶，当出现障碍物时，按原路返回（循迹行驶至起点）。

（3）L3 迷宫行驶。在指定跑道上循迹行驶，当出现障碍物时，绕过障碍物继续循迹行驶至终点。

3. **实训准备**

（1）实训以小组（6 人 / 组）为单位。每组成员职责设置如表 3-6-1 所示。

表 3-6-1　实训小组成员职责

序号	岗位名称	工作范围	备注
1	组长	1.领取实训器材、资料 2.现场人员分工、协调 3.现场安全检查及指挥、计时 4.向教师寻求帮助 5.与副操作手一起，根据教师的要求布置现场、线路及设置障碍	1.组长遇到问题时应及时反馈给教师 2.仿真智能车通电前，必须经教师检查并同意 3.需要进行 3 级（现场记录员、组长、教师）总结，现场记录
2	主操作手	1.查看相应的资料，与副操作手协商，拼装仿真智能车组件 2.写入相关的程序 3.现场接线、焊接、调试等实操及演示	
3	副操作手	1.辅助主操作手完成仿真智能车组装及调试 2.负责查询及提供资料 3.工具准备及仿真智能小车现场事故处理 4.必要时，临时替代主操作手操作 5.在竞赛中，按照主操作手的指令操作车辆 6.根据教师的要求测试并验收结果是否符合标准	
4	质检员	1.检查线路连接是否错误，如有错应制止通电操作 2.对主、副操作手有争议的问题，可以参与讨论 3.检查输入的程序是否准确及规范 4.对完成检查的质量情况打分 5.对不规范操作有权制止	
5	现场记录员	1.记录每一个操作步骤 2.记录质检员发现的问题 3.记录全过程，结束后做3min总结	
6	6S管理员	1.检查现场工具及设备摆放是否整齐、合理 2.检查结束后是否整理、清洁实训场所 3.检查实训器材是否归位 4.检查整个实训过程是否按6S管理要求去做	

（2）实训器材。WT-ZN 仿真智能车 1 辆（备用 1 辆）、对应循迹和避障装置、程序及相关工具等。

（3）实训场地。选择室外合适场地（如果是单车进行竞赛，也可以室内进行），建议尺寸 4000mm×3200mm，场地平整，白色地面（便于粘贴循迹线），如瓷砖或水泥地面。

4. 实训操作

（1）查询资料，组装智能小车相应组件。

（2）现场质检员检查组装及线路连接，如无问题，报告教师。

（3）教师再次检查组装及线路连接是否有错，如正确则同意通电，如有问题则改正。

（4）在指定场地，分别根据任务标准要求进行调试。

① 舵机初始化程序如图 3-6-1 所示。

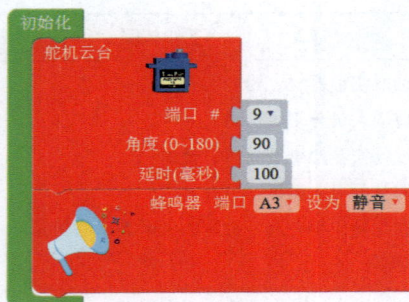

图 3-6-1　舵机初始化程序

② 循迹及行驶控制程序如图 3-6-2 所示。

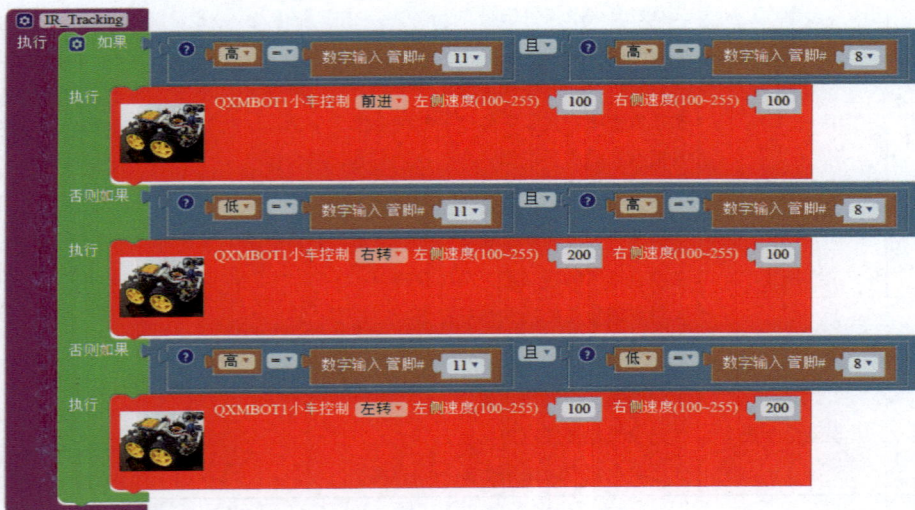

图 3-6-2　循迹及行驶控制程序

③ 障碍识别及行驶控制程序如图 3-6-3 所示。

（5）按照实训项目规定的 L1、L2、L3 这 3 种形式和要求，进行行驶和测试，需要调试程序以符合标准要求。

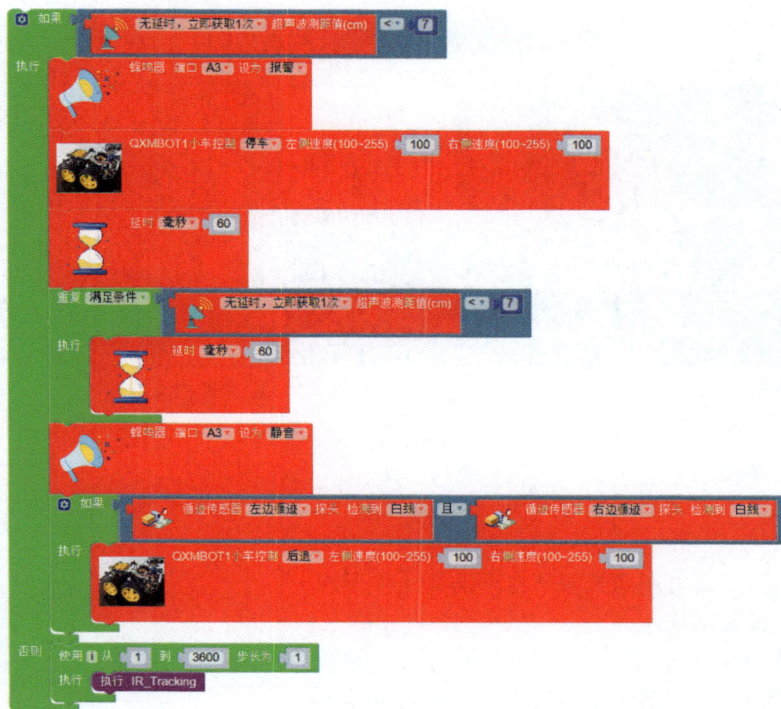

图 3-6-3　障碍识别及行驶控制程序

尤其是 L3 迷宫行驶（路线如图 3-6-4 所示），有一定的设计、调试难度，需要进行反复实验和程序调试。

（6）实训准备及调试时间：120min。

5. 竞赛与考核

（1）智能行驶考核通过竞赛过程完成。以小组成绩计分，并累计得出名次。

（2）按前述任务标准的规定分为 L1、L2、L3 3 个赛项进行竞赛。

（3）抽签确定各组竞赛先后顺序。

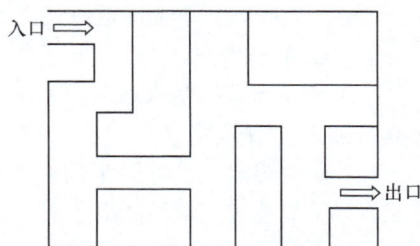

图 3-6-4　L3 迷宫行驶路线

（4）竞赛须按照规定方式（主操作手下达指令，副操作手操作车辆）相互配合，完成竞赛内容。

（5）比赛中，若出现车辆故障、手机无显示，或模拟倒车雷达时，车辆不停止、不报警等情况，可重新开始，时间不另计算。

（6）竞赛成绩为 3 轮时间之和除以 3 且时间最短组为优胜。各组依次轮流进行（按抽签顺序单循环）。每次竞赛时，主、副操作手需更换（6 人更换 3 次）。

6. 6S 项目管理

项目完成后须填写附录中的 6S 管理考核表。

任务七　智能安全（主动应急处理）实训

□ AR 资源——操作演示 □

▲ 智能安全 - 上

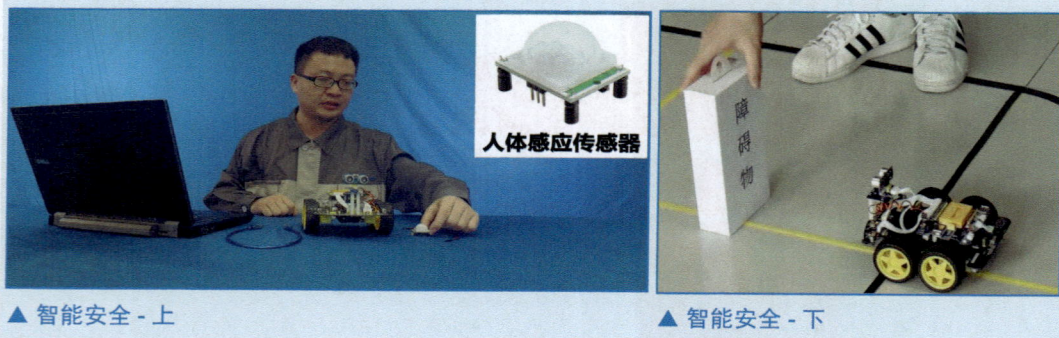

▲ 智能安全 - 下

1. 任务描述

（1）应急及报警功能是智能汽车一项基本的重要功能，包括被动报警、主动报警、报警处理等几种模式。

（2）实现形式。有应急报警和自动防撞两种形式决定车辆智能报警功能。

（3）仿真智能车选用人体热释电传感器，如图 3-7-1 所示。当有人或热源物体靠近仿真智能车时启动蜂鸣器报警，以实现上述功能。

（4）通过超声波功能，当障碍物距离车头超声波距离小于 15cm 时，车辆后退避让，或前进避让。

2. 任务标准

（1）应急报警。当人或热源（如打火机）靠近时，仿真智能车自动报警。

图 3-7-1　人体热释电传感器

（2）自动防撞。当行驶车辆遇到障碍物时，自动停止。当障碍物与车辆距离小于 15cm 时，车辆后退；当障碍物移除后小车自动前进至终点。

3. 实训准备

（1）实训以小组（6 人 / 组）为单位。每组成员职责设置如表 3-7-1 所示。

（2）实训器材。WT-ZN 仿真智能车 1 辆（备用 1 辆）、对应循迹和避障装置、程序及相关工具等。

（3）实训场地。选择室外合适场地（如果是单车进行竞赛，也可以室内进行），建议尺寸 4000mm×3200mm，场地平整，白色地面（便于粘贴循迹线），如瓷砖或水泥地面。

4. 实训操作

（1）查询资料，组装仿真智能车相应组件。

（2）现场质检员检查组装及线路连接，如无问题，报告教师。

（3）教师再次检查组装及线路连接是否有错，如正确则同意通电，如有问题则改正。

（4）在指定场地，分别根据任务标准要求进行调试。

表 3-7-1　实训小组成员职责

序号	岗位名称	工作范围	备注
1	组长	1.领取实训器材、资料 2.现场人员分工、协调，实训人员个人安全防护 3.现场安全检查及指挥、计时 4.及时与教师沟通与汇报	1.遇到问题组长应及时反馈给教师 2.仿真智能车通电前，必须经教师检查并同意 3.需要进行3级（现场记录员、组长、教师）总结，现场记录
2	主操作手	1.查看相应的资料，检查及拼装仿真智能车组件 2.写入相关的程序 3.现场接线、焊接、调试等实操及演示	
3	副操作手	1.辅助主操作手完成仿真智能车组装及调试 2.负责查询及提供文献资料 3.提供热源和设置障碍物 4.工具准备及仿真智能车现场事故处理	
4	质检员	1.检查线路连接是否错误，如有错应制止通电操作 2.检查输入的程序是否准确及规范 3.参与验收实训结果 4.对完成检查的质量情况打分	
5	现场记录员	1.记录每一个操作步骤 2.记录质检员发现的问题 3.记录全过程，结束后做3min总结	
6	6S管理员	1.检查现场工具及设备摆放是否整齐、合理 2.检查现场操作是否符合6S管理 3.检查结束后是否整理、清洁实训场地	

① 人体感应检测与仿真智能车制动程序如图 3-7-2 所示。

② 循迹行驶控制程序如图 3-7-3 所示。

（5）按照实训项目规定的两种模式进行测试，需要调试程序以符合要求。尤其是防撞功能，有一定调试难度，需要进行反复实验和程序调试。

（6）实训准备及调试时间：90min。

5. 竞赛与考核

（1）本项目考核通过竞赛过程完成。以小组成绩计分，并累计得出名次。

（2）按任务标准的规定分为应急报警、自动报警 2 个赛项进行竞赛。

（3）抽签确定各组竞赛先后顺序。

（4）竞赛须按照规定方式（主操作手下达指令，副操作手操作车辆）相互配合，完成竞赛内容。

（5）比赛中，若出现车辆故障、物体靠近无报警或报警车辆无动作等情况，可重新开始，时间不另计算。

（6）竞赛成绩为 3 轮时间之和除以 3 且时间最短组为优胜。各组依次轮流进行（按抽签顺序单循环）。每次竞赛时，主、副操作手需更换（6人更换3次）。

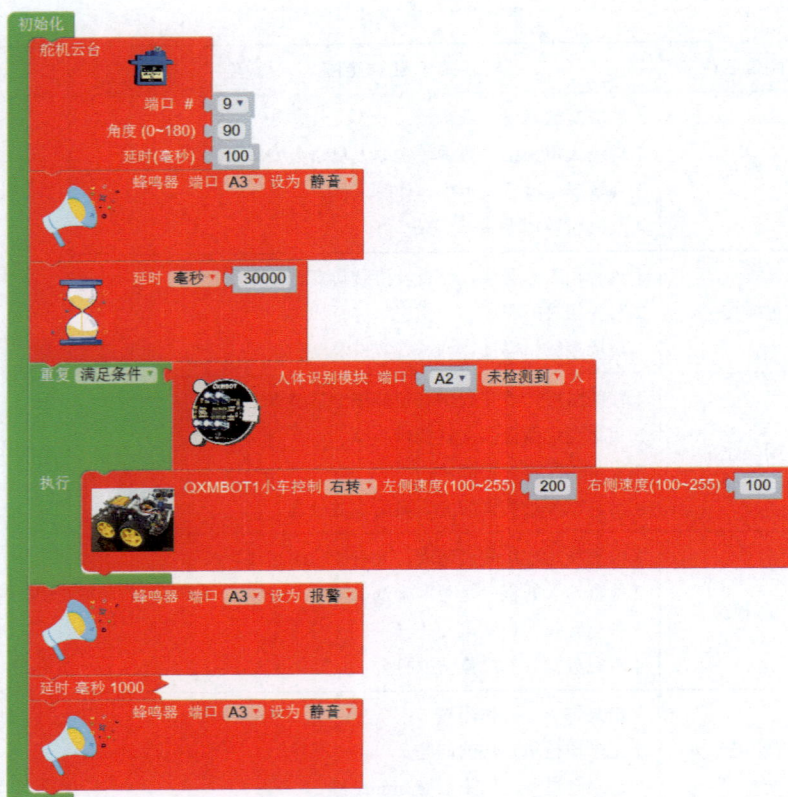

图 3-7-2　人体感应检测与仿真智能车制动程序

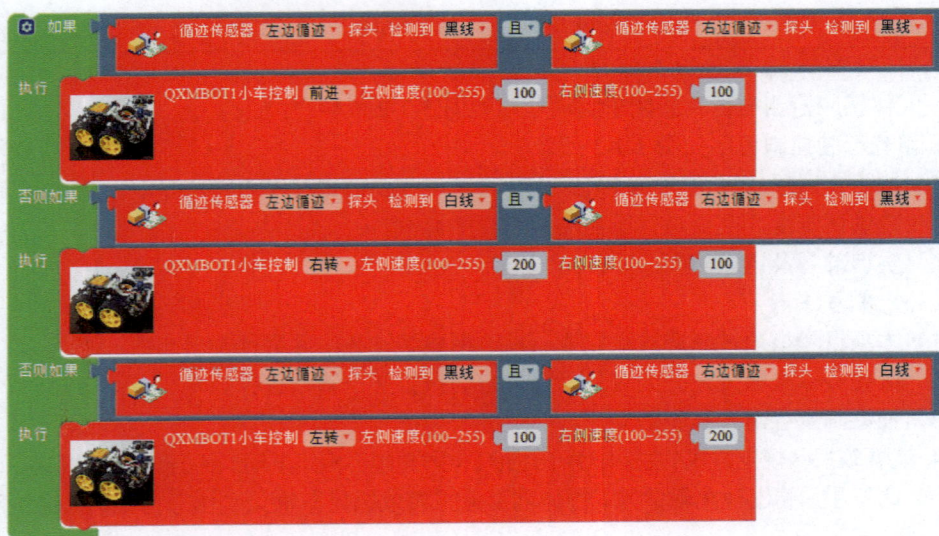

图 3-7-3　循迹行驶控制程序

6. 6S 项目管理

项目完成后须填写附录中的 6S 管理考核表。

任务八 自适应巡航仿真实训

□ AR 资源——操作演示 □

▲ 自适应巡航

1. 任务描述

（1）自适应巡航是智能汽车的一项重要功能。无论是定速巡航、自适应巡航还是智能巡航都不同程度地具有无人驾驶汽车所必备的线控技术（部分具备或完全具备）。通过程序设计和调试，可以初步了解和掌握巡航系统的基本操作。

（2）实现形式。参照智能汽车巡航系统的基本特性，分为高速工况、市区工况和复杂工况 3 种情况进行设计和实训。

（3）实现技术。仿真智能车通过程序控制，使用左、右红外避障探头检测物体进行避障，从而使仿真智能车完成跟随功能。

2. 任务标准

（1）高速工况。直线双车自适应巡航（前车行驶，后车跟随）。当前车的车速发生变化时，后车也需要跟随变化，并保持一定的车距（本项目主要针对车辆纵向巡航功能进行实训）。

（2）市区工况。S 线双车自适应巡航（前车行驶，后车跟随）。

（3）复杂工况。双车如图 3-8-1 所示形式同时出发，当 L 最短时，双车自起点（S1、S2）至终点（E1、E2）行驶时间最短的为优胜（A1 车行驶，A2 车跟随；B1 车行驶，B2 车跟随）。

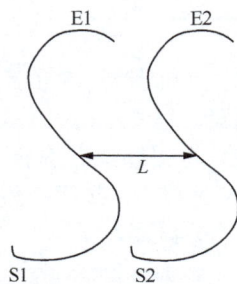

图 3-8-1 双车行驶路线

3. 实训准备

（1）实训以小组（6 人 / 组）为单位。每组成员职责设置如表 3-8-1 所示。

表 3-8-1　实训小组成员职责

序号	岗位名称	工作范围	备注
1	组长	1. 领取实训器材、资料 2. 现场人员分工、协调 3. 现场安全检查及指挥、计时 4. 向教师寻求帮助 5. 与副操作手一起，根据教师的要求布置现场和线路	1.遇到问题组长应及时反馈给教师 2.仿真智能车通电前，必须经教师检查并同意 3.需要进行3级（现场记录员、组长、教师）总结，现场记录
2	主操作手	1.查看相应的资料，与副操作手协商，拼装仿真智能车组件 2.写入相关的程序 3.现场接线、焊接、调试等实操及演示	
3	副操作手	1.辅助主操作手完成仿真智能车组装及调试 2.负责查询及提供资料 3.工具准备及仿真智能车现场事故处理 4.必要时，临时替代主操作手操作 5.根据教师的要求测试并验收结果是否符合标准	
4	质检员	1.检查线路连接是否错误，如有错则制止通电操作 2.对主、副操作手有争议的问题，可以参与讨论 3.检查输入的程序是否准确及规范 4.对完成检查的质量情况打分 5.对不规范操作有权制止	
5	现场记录员	1.记录每一个操作步骤 2.记录质检员发现的问题 3.记录全过程，结束后做3min总结	
6	6S管理员	1.检查现场工具及设备摆放是否整齐、合理 2.检查结束后是否整理、清洁实训场所 3.检查实训器材是否归位 4.检查整个实训过程是否按6S管理要求进行操作	

（2）实训器材。WT-ZN 仿真智能车 4 辆（主要用于复杂工况，备用 1 辆）、对应循迹和避障装置、程序及相关工具等。

（3）实训场地。选择室外合适场地（室内也可以进行）。场地尺寸建议：4200mm×3600mm 或以上。地面平整，浅色（水泥或瓷砖地面均可）。

4. 实训操作

（1）查询资料，组装仿真智能车相应组件。

（2）现场质检员检查组装及线路连接，如无问题，报告教师。

（3）教师再次检查组装及线路连接是否有错，如正确则同意通电，如有问题则改正。

（4）在指定场地，分别根据任务标准要求进行调试。

① 舵机初始化程序如图 3-8-2 所示。

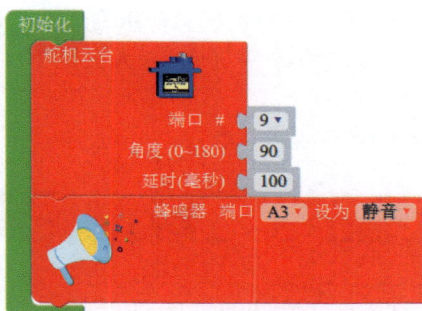

图 3-8-2　舵机初始化程序

② 前车距离检测及停车控制程序如图 3-8-3 所示。

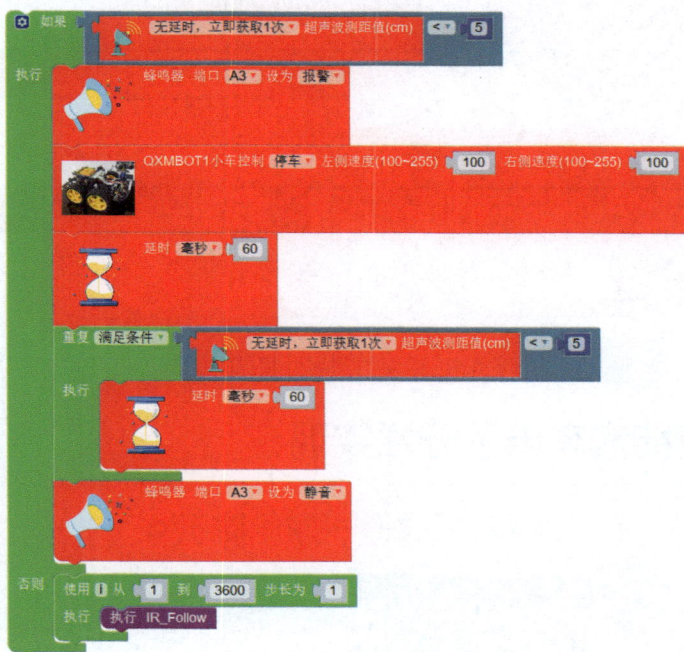

图 3-8-3　前车距离检测及停车控制程序

③ 前车检测与行驶控制程序如图 3-8-4 所示。

（5）按照实训项目规定的 3 种模式进行测试，需要调试程序以符合要求。尤其是防撞功能，有一定调试难度，需要进行反复实验和程序调试。

（6）实训准备及调试时间：120min。

5．竞赛与考核

（1）自适应巡航仿真考核通过竞赛过程完成。以小组成绩计分，并累计得出名次。

（2）按前述任务标准的规定分为高速工况、市区工况、复杂工况 3 个赛项进行竞赛。

（3）抽签确定各组竞赛先后顺序。

（4）竞赛须按照规定方式（主操作手下达指令，副操作手操作车辆）相互配合，完成竞赛内容。

（5）比赛中，若出现车辆故障、翻车或停车等情况，可重新开始，时间不另计算。

（6）竞赛成绩为 3 轮时间之和除以 3 且时间最短组为优胜。各组依次轮流进行（按抽签顺序单循环）。每次竞赛时，主、副操作手需更换（6 人更换 3 次）。

6．6S 项目管理

项目完成后须填写附录中的 6S 管理考核表。

图 3-8-4　前车检测与行驶控制程序

任务九　智能汽车电子栅栏实训

□ AR 资源——操作演示 □

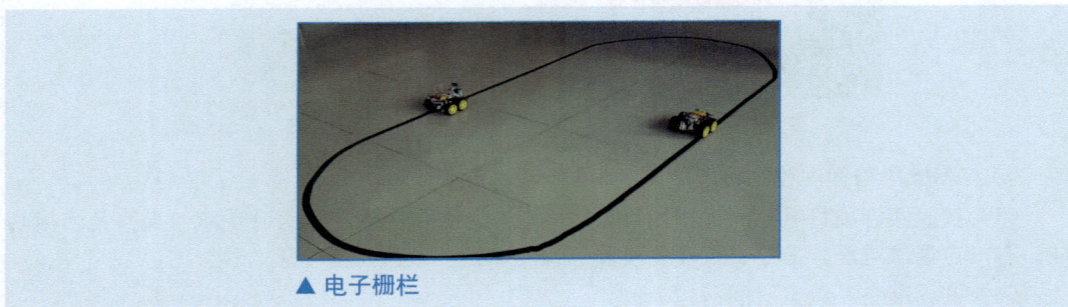

▲ 电子栅栏

1．任务描述

（1）汽车电子栅栏是智能汽车的一项重要功能，在汽车安全和共享汽车使用中，常常会用到该功能。本实训项目就是仿真该功能进行的操作。

（2）实现形式。参照智能汽车电子安全技术以及共享汽车在实际中的应用，本实训项目设计了单车电子栅栏和双车电子栅栏两个类型。

（3）实现技术：仿真智能车通过程序控制及传感器技术，检测黑色栅栏线，同时使用避障功能，避开栅栏，以达到始终在安全栅栏之内的目的。

2．任务标准

（1）单车电子栅栏。设置矩形／圆形栅栏（用黑色胶带在白色地面上设置，圆形直径小于 1m，矩形约为 1m×0.6m），车辆启动后，3min 之内未行驶出电子栅栏为合格。

（2）双车电子栅栏。设置矩形栅栏（用黑色胶带在白色地面上设置）并启动避障功能，双车启动后，3min 之内未碰撞且未行驶出电子栅栏为合格。

（3）实训过程。采用黑色绝缘胶带在白色地面上贴矩形／圆形栅栏，将仿真智能车放置其中，通过仿真智能车车头黑线检测传感器检测黑线；当仿真智能车遇到黑线时，执行后退转弯继续前进，防止仿真智能车跑出黑色胶带圈。

3．实训准备

（1）实训以小组（6 人／组）为单位。每组成员职责设置如表 3-9-1 所示。

表 3-9-1　实训小组成员职责

序号	岗位名称	工作范围	备注
1	组长	1.领取实训器材、资料 2.现场人员分工、协调 3.现场安全检查及指挥、计时 4.布置现场	
2	主操作手	1.查看相应的资料，与副操作手协商，检查及拼装仿真智能车组件 2.写入相关的程序 3.现场接线、焊接、调试等实操及演示	
3	副操作手	1.辅助主操作手完成仿真智能车组装及调试 2.负责查询及提供资料 3.工具准备及仿真智能车现场事故处理 4.临时替代主操作手操作	1.遇到问题时组长应及时反馈给教师 2.仿真智能车通电前，必须经教师检查并同意 3.需要进行 3 级（现场记录员、组长、教师）总结，现场记录
4	质检员	1.检查线路连接是否错误，如有错应制止通电操作 2.检查输入的程序是否准确及规范 3.对完成检查的质量情况打分 4.检查完成的质量	
5	现场记录员	1.记录每一个操作步骤 2.记录质检员与6S管理员发现的问题 3.记录全过程，结束后做3min总结	
6	6S管理员	1.检查现场工具及设备摆放是否整齐、合理 2.检查现场操作是否符合6S管理 3.检查结束后是否整理、清洁实训场所 4.及时汇报发现的问题	

（2）实训器材。实训所需器材（以单车为标准）如表 3-9-2 所示。

（3）实训场地。选择在室内浅色地面进行实训。

表 3-9-2　实训器材

序号	器材名称	数量	说明
1	WT-ZN仿真智能车	2	原车中均已配置
2	公对母杜邦线	6	
3	黑色胶带	1	自备

4. 实训操作

（1）查询资料，组装仿真智能车相应组件。

（2）现场质检员检查组装及线路连接，如无问题，报告教师。

（3）输入相应的程序并进行调整。

① 遇障后退程序如图 3-9-1 所示。

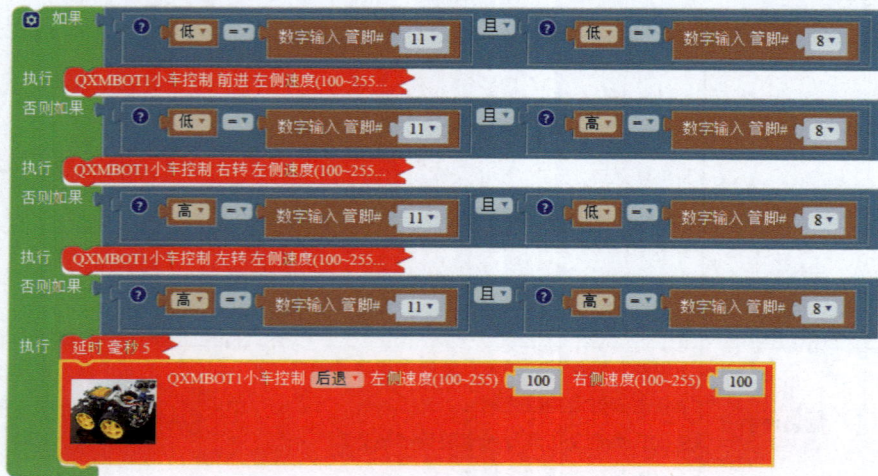

图 3-9-1　遇障后退程序

② 超声波避障程序如图 3-9-2 所示。

（4）在指定场地分别根据任务标准要求进行调试。

（5）按照实训项目规定的 2 种模式进行测试，需要调试程序以符合要求。尤其是避障和防撞功能，有一定调试难度，需要进行反复实验和程序调试。

（6）实训准备及调试时间：120min。

5. 竞赛与考核

（1）本项目考核通过竞赛过程完成。以小组成绩计分，并累计得出名次。

（2）按前述任务标准中的规定分为单车电子栅栏和双车电子栅栏两个赛项进行竞赛。

注意

每个赛项分别进行 2 次。

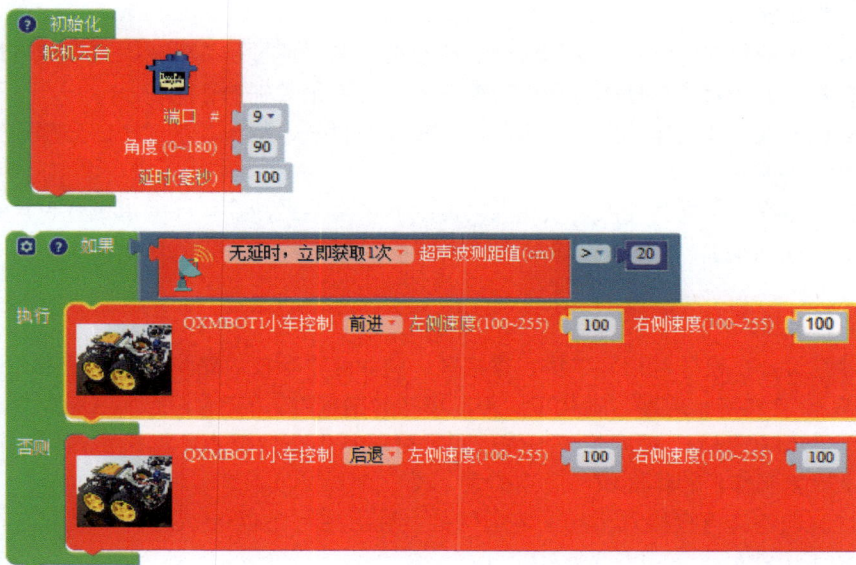

图 3-9-2　超声波避障程序

（3）抽签确定各组竞赛先后顺序。

（4）竞赛须按照规定方式（主操作手下达指令，副操作手操作车辆）相互配合，完成竞赛内容。

（5）比赛中，若出现车辆故障、驶出格栅或停车等情况，可重新开始，时间不另计算。

（6）竞赛成绩为两轮时间之和除以 2 且时间最短组为优胜。各组依次轮流进行（按抽签顺序单循环）。每次竞赛时，主、副操作手需更换（更换 2 次）。

6. 6S 项目管理

项目完成后须填写附录中的 6S 管理考核表。

任务十　沙盘制作实训

□ AR 资源——操作演示 □

▲ 沙盘制作 - 上　　　▲ 沙盘制作 - 中　　　▲ 沙盘制作 - 下

1．任务描述

（1）沙盘作业是智能汽车仿真训练的一个重要方面。通过仿真沙盘，可以逼真地呈现现实道路的各种工况，对于后期的专业课程学习和实训有很大辅助作用。

（2）实现形式：沙盘作业有 3 个方面，即设计、材料、制作。这 3 个部分都是实训过程中所需学习和实训的任务。

（3）实现过程：根据智能汽车的相关功能（尤其要根据沙盘作业要求进行设计并确保其实训内容均可以实现），进行沙盘的设计和制作。例如，循迹、红绿灯识别和动作、车辆入库等。

2．任务标准

（1）沙盘设计：设计包括写字楼、住宅区、商业区、学校、繁华路段等（需要设计平面图和效果图），含楼宇、道路、绿化带、停车场（含抬杆器）、交通标志如红绿灯等。参考尺寸为 2400mm×1800mm。根据院校条件，通常可以制作在台架上。如果室内场地较大，可以在地面上直接制作，制作面积可适当扩大。

（2）材料选购：可直接从市场采购或网购。费用控制在 4000 元以内。建议 1 个班（按30 人计）做 1 个沙盘，形式不要重复。

（3）沙盘制作：按照设计方案进行制作（建议完成时间 2 天），评价标准：完整性、形象度、尺寸符合度（如仿真智能车有掉头处等）等。

3．实训准备

（1）实训以小组（7 人 / 组）为单位。每组成员职责设置如表 3-10-1 所示。

（2）实训器材。计算机（台式计算机或笔记本计算机）至少 1 台，WT-ZN 仿真智能车2 辆（主要用于信号灯识别和交会，备用 1 辆）、相关工具和材料等。

（3）实训场地。场地一般选在室内。室外也可以进行，但完工之后，通常需要放置到室内。如放在支架上，要做好支架的设计。

表 3-10-1　实训小组成员职责

序号	岗位名称	工作范围	备注
1	组长	1.领取实训器材、资料 2.现场人员组织、分工、协调 3.现场安全检查及指挥 4.参与制作	1.遇到问题时组长应及时反馈给教师 2.必须按图纸的要求或大家讨论的结果去做 3.需要进行 3 级（现场记录员、组长、教师）总结，现场记录
2	主操作手	1.查看相应的资料，根据智能汽车的基本性能，提出沙盘设计的思路，并牵头进行制作 2.协调和检查小组各成员的工作 3.现场拼装、接线、焊接、调试等实操及演示	
3	副操作手1	1.辅助主操作手完成按照分工所应承担的任务 2.负责查询及提供资料 3.工具准备及现场情况处理 4.检查操作完成的项目	

续表

序号	岗位名称	工作范围	备注
4	副操作手2	1.辅助主操作手完成按照分工所应承担的任务 2.负责查询及提供资料 3.工具准备及现场情况处理	1.遇到问题时组长应及时反馈给教师 2.必须按图纸的要求或大家讨论的结果去做 3.需要进行3级（现场记录员、组长、教师）总结，现场记录
5	质检员	1.按照设计图纸进行检查，看是否符合设计要求和指标 2.检查选用的材料和工具是否符合原设计的要求 3.对完成检查的质量情况打分	
6	现场记录员	1.记录每一个操作步骤 2.记录质检员与6S管理员发现的问题 3.检查完成的效果 4.记录全过程，结束后做3min总结	
7	6S管理员	1.检查现场工具及设备摆放是否整齐、合理 2.检查现场操作是否符合6S管理 3.检查结束后是否整理、清洁实训场所 4.参与整理现场	

4．实训操作

（1）查询资料，了解沙盘制作的基本知识。

① 熟悉智能网联汽车在不同道路工况下行驶的情况。

② 了解市区各种不同的建筑群（如办公区、商业区、交叉路口、住宅区、写字楼、混合区等）及其特征。

③ 了解智能网联汽车的行驶特征（如直行、交互、转弯、超车、变道、停车、掉头），以及与道路设备（专业名称为路侧设备）的关系（如红绿灯指示、各种道路行驶指示牌和标志等），通信与网络设备之间的关系（如卫星导航、定位指示、相对定位等）。

④ 沙盘制作基本知识。尺寸比例关系（通常的比例为50∶1），制作材料（如楼房、道路、绿化、栅栏、信号灯等模型），制作方式（剪裁、拼锯、粘接色条等）。

⑤ 材料清单。根据设计方案，整理出相应的制作材料清单（包括建筑、绿化材料、道路标志、信号标志等模型，以及必要的工具如剪刀、胶黏纸、彩色单面胶带等）。

（2）各个小组通过PPT方式将设计思路、方案和说明进行汇报。教师组织各个小组进行讨论和评比。在此基础上，各个小组进行修订。经过2～3次循环过程，确定最终的设计方案。

（3）制作分工：由于一个班级只能制作一个沙盘，因此，在方案确定之后，要对沙盘的制作过程按组进行分工。

① 建筑组：主要负责建筑物的制作，要严格按照设计方案进行。

② 道路组：主要负责制作建筑之间的道路，行车线、隔离线、停车线等。

③ 信号组：主要负责信号灯支架、信号灯抬杆、信号灯的安装等。

④ 材料组：负责整个沙盘制作的材料准备和采购。

⑤ 调试组：对整个沙盘的制作、车辆行驶情况、信号灯反应（车辆行驶时需要红灯停、

绿灯行的动作，停车场车到位之后自动抬杆）等进行调试。

⑥ 检查组：根据设计方案，对整个制作过程的每个环节进行检查，并将检查情况及时向教师汇报。

（4）材料购置：根据设计好的沙盘制作方案，在教师指导下，由采购组进行采购（采购可以采取直接在市场上采购、从网络上采购两种方法）。采购组下设若干小组，每个小组 2 人。采购原则：在保证质量的情况下，同一商品必须至少有两个选项进行比较，以保证较好的性价比。

> **注意**
>
> 在采购过程中，相关费用的申报和报销规范由各院校自定。

（5）制作过程监控。在制作过程中，除了检查组按照设计方案进行检查之外，实训指导教师要随时进行检查，如发现问题，及时进行纠正。

（6）沙盘制作完成后要反复进行调试，以确保所有功能都能实现。

（7）整个实训（含设计部分）时间：3 天。

5. 竞赛与考核

（1）沙盘制作没有直接的对抗性竞赛内容。主要是考核学生对设计、材料购置及制作的全流程实施能力。

（2）项目完成后，每个小组都要完成一份总结报告。具体内容要求如下所述。

① 以 PPT 形式汇报（PPT 模板自行设计），汇报时间为 8min。

② 汇报内容包括项目概述、设计思路和过程、本组所承担工作实施情况、项目实施总结和体会、感谢语（感谢团队、学校和指导教师）。

③ 一人主要汇报，其他成员加以补充。

（3）点评。首先由各组代表相互进行点评，然后由教师进行点评。

（4）各组最终成绩由指导教师打分完成。

6. 6S 项目管理

项目完成后须填写附录中的 6S 管理考核表。

任务十一 智能交通（沙盘作业）实训

□ AR 资源——操作演示 □

▲ 智能交通

1．任务描述

（1）智能交通（沙盘作业）是利用沙盘形式全面仿真智能网联汽车在实际场景下的真实动作。通过沙盘作业训练，可以逼真地呈现智能网联汽车在现实道路的各种工况下行驶的情况，对于后期专业课程学习和实训有很大辅助作用。

（2）实现形式。智能交通（沙盘作业）实训是在沙盘制作完成的基础之上进行的。实训项目主要有 3 个方面：道路行驶，即在指定路线上无障碍行驶若干圈数；信号识别与行驶，即在指定路线上自动识别红绿灯信号行驶若干圈数；复杂路况行驶，复杂路况主要包括隧道、红绿灯、桥梁等，应能正确处理复杂路况，安全行驶。

（3）功能实现。使用红绿灯模块加 38kHz 红外发射模块，当红灯亮时发射红外信号，仿真智能车识别后停车，绿灯亮时停止发射红外信号。

2．任务标准

（1）沙盘设计和制作要素。按照沙盘作业的内容，在制作时就需要设计其隧道、桥梁、红绿灯、停车场等场景。

（2）功能要求。在实训中，根据场景的特殊情况（如进入隧道时的灯光处理、红绿灯识别和处理等），进行相关的设计和调试。

（3）实训要求。该项目在沙盘设计和制作阶段就需要参与，要根据实训的项目来检验沙盘制作的功能，并要在此期间进行反复调试和实验等。

3．实训准备

（1）实训以小组（7 人／组）为单位。每组成员职责设置如表 3-11-1 所示。

表 3-11-1　实训小组成员职责

序号	岗位名称	工作范围	备注
1	组长	1.领取实训器材、资料 2.现场人员组织、分工、协调 3.现场安全检查及指挥 4.参与制作	1.遇到问题时组长应及时反馈给教师 2.必须按图纸的要求或大家讨论的结果去做 3.需要进行 3 级（现场记录员、组长、教师）总结，现场记录
2	主操作手	1.查看相应的资料，根据智能汽车的基本性能，提出沙盘设计的思路，并牵头进行制作 2.协调和检查小组各成员的工作 3.现场拼装、接线、焊接、调试等实操及演示	
3	副操作手1	1.辅助主操作手完成按照分工所应承担的任务 2.负责查询及提供资料 3.工具准备及现场情况处理 4.检查操作完成的项目	
4	副操作手2	1.辅助主操作手完成按照分工所应承担的任务 2.负责查询及提供资料 3.工具准备及现场情况处理	
5	质检员	1.按照设计图纸进行检查，看是否符合设计要求和指标 2.检查选用的材料和工具是否符合原设计的要求 3.对完成检查的质量情况打分	

序号	岗位名称	工作范围	备注
6	现场记录员	1.记录每一个操作步骤 2.记录质检员与6S管理员发现的问题 3.检查完成的效果 4.记录全过程，结束后做3min总结	1.遇到问题时组长应及时反馈给教师 2.必须按图纸的要求或大家讨论的结果去做 3.需要进行 3 级（现场记录员、组长、教师）总结，现场记录
7	6S管理员	1.检查现场工具及设备摆放是否整齐、合理 2.检查现场操作是否符合6S管理 3.检查结束后是否整理、清洁实训场所 4.参与整理现场	

（2）实训器材。所需设备、材料、配件及工具如表 3-11-2 所示。

表 3-11-2　实训器材

序号	器材名称	数量	说明
1	WT-ZN仿真智能车	2	已配
2	38kHz红外发射模块	1	单独购买
3	相关工具		根据需要
4	计算机	1	自备

（3）实训场地。最终竞赛是在沙盘上，但在调试和试验过程中，可以分组在指定的场地进行。各组可在室内（或室外）模拟沙盘尺寸进行调试和实验。调试完成后再在真实沙盘上进行作业。

4．实训操作

（1）查询资料，全程参与沙盘设计和制作过程，并了解在沙盘作业的基本知识。

① 道路行驶。在沙盘上指定路线进行无障碍行驶，主要应用车辆循迹功能实现。行驶路线（包括弯道）正确，无事故（停车、翻车、碰撞等）。

② 信号识别。在车辆行驶路线中自动识别红绿灯信号，并按照信号灯指示停车或行驶。

③ 复杂路况。根据在沙盘设计和制作中所具有的隧道、红绿灯、桥梁路况进行行驶，顺利通过各种复杂路况。

（2）根据信号识别要求，将相关程序写入仿真智能车。

① 交通灯识别程序如图 3-11-1 所示。

实现方法：当红灯亮起的时候启动红外发射模块，发射红外信号，仿真智能车检测到红外信号后停车。

② 首先进行初始化，初始化程序如图 3-11-2 所示，在此基础上加入了隧道自动开灯功能，当检测环境光线弱时自动打开车灯。隧道自动开灯程序如图 3-11-3 所示。

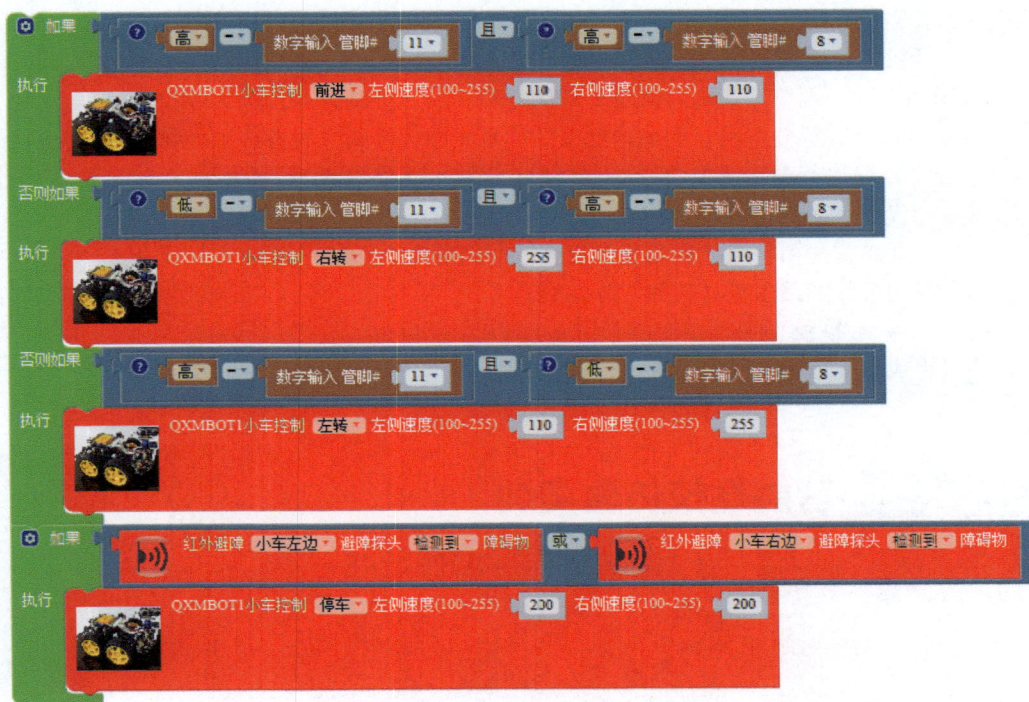

图 3-11-1　交通灯识别程序

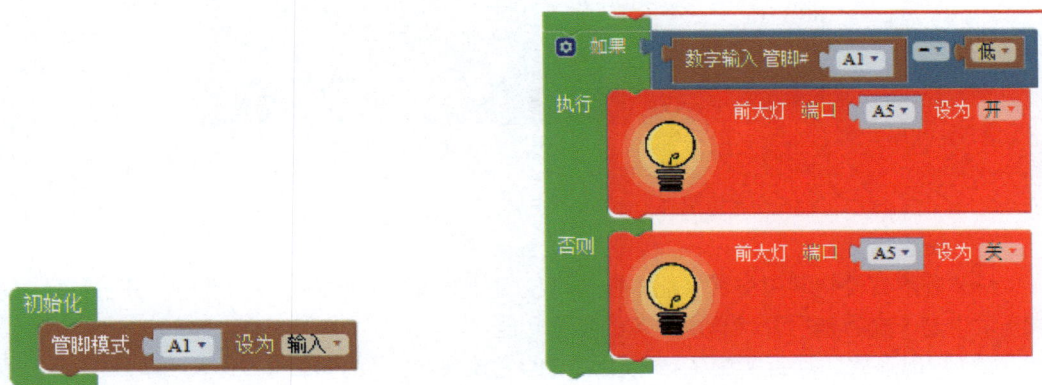

图 3-11-2　初始化程序

图 3-11-3　隧道自动开灯程序

（3）各个小组根据项目要求，先在地面模拟场地进行实验和调试，待相应功能实现后再上沙盘进行作业。

（4）要求上述 3 种道路工况必须全部在模拟场地上完成调试。

（5）整个实训时间为 2 天。

5．竞赛与考核

（1）本项目有一定的实施难度，通过所设计的 3 个赛项竞赛，可以使学生不仅完成项目要求，更重要的是通过设计、调试和参与沙盘制作过程，可以完全仿真智能网联汽车在实际运行中的真实场景。

（2）项目竞赛要求。

① 道路行驶。围绕沙盘制定路线无障碍行驶 3 圈（控制方式自选），用时最短为优胜。

② 信号识别。行驶路线自动识别红绿灯信号 3 圈（控制方式自选），用时最短为优胜。

③ 复杂路况。行驶路线中含隧道、红绿灯、桥梁、2 处路障，行驶 3 圈（控制方式自选），用时最短为优胜。

（3）点评。首先由各组代表相互进行点评，然后由教师进行点评。

（4）各组最终成绩由指导教师打分完成。

6. 6S 项目管理

项目完成后须填写附录中的 6S 管理考核表。

任务十二　智能驾校仿真实训

□ AR 资源——操作演示 □

▲ 智能驾校

1. 任务描述

（1）智能驾校是利用仿真智能车模仿驾校驾驶员培训中相关科目的考试。其各科目的功能要求也是未来智能网联汽车所具备的基本功能。

（2）实现形式。项目实施依据驾校规定的考核内容，分为科目 1（倒车入库）、科目 2（侧方位停车）、科目 3（定点停车，也称半坡启动）3 个部分（即实际驾考中的科目二内容）。

（3）功能实现。上述项目中，科目 1 通过增加黑线循迹传感方式完成自动倒车入库，科目 2 和科目 3 采用了仿真智能车蓝牙无线遥控功能，遥控进行侧方位停车，也可以完成倒车入库。遥控过程中禁止压线。在实训中，除需要相关技术手段外，也需要锻炼学生遥控操作的手感（有点类似游戏中的操纵杆）。

2. 任务标准

（1）项目要素。利用仿真智能车的技术性能，按照项目设计要求，分别进行设计和调试。

（2）功能要求。在设计中，首先要充分了解项目基本要求和规则。如出入车库时，首先考虑车库的尺寸，要大于仿真智能车的 1.5 倍（按照国家对于车库的设计标准，主要指长 × 宽要求）。在科目1要求中，必须整车全部进入车库位置方可算完全进入车库，即完成了该项目。科目2和科目3的操作和实施同理。

（3）实训要求。该项目实施时，首先要做好标准场地的设计、标定和制作。在此基础上，要按规定完成上述3个科目的动作标准。

3．实训准备

（1）实训以小组（6人／组）为单位。每组成员职责设置如表3-12-1所示。

表3-12-1　实训小组成员职责

序号	岗位名称	工作范围	备注
1	组长	1.领取实训器材、资料 2.现场人员组织、分工、协调 3.现场安全检查及指挥、计时 4.布置现场 5.现场检查实训效果	1.遇到问题时组长应及时反馈给教师 2.仿真智能车通电前，必须经教师检查并同意 3.需要进行3级（现场记录员、组长、教师）总结，现场记录
2	主操作手	1.查看相应的资料，与副操作手协商，根据智能汽车的基本性能，提出实施各科目场地尺寸设计思路，并牵头进行制作 2.协调和检查小组各成员的工作 3.现场拼装、接线、焊接、调试等实操及演示	
3	副操作手	1.辅助主操作手完成按照分工所应承担的任务 2.负责查询及提供资料 3.工具准备及现场情况处理 4.配合主操作手完成操作或验证	
4	质检员	1.按照设计图纸进行检查，看是否符合设计要求和指标 2.检查选用的材料和工具是否符合原设计的要求 3.对完成检查的质量情况打分	
5	现场记录员	1.记录每一个操作步骤 2.记录质检员及6S管理员发现的问题 3.记录全过程，结束后做3min总结 4.验证实训效果是否达到实训的目的	
6	6S管理员	1.检查现场工具及设备摆放是否整齐、合理 2.检查现场操作是否符合6S管理 3.检查结束后是否整理、清洁实训场所 4.参与6S管理实施	

（2）实训器材（以单车为标准）如表3-12-2所示。

（3）实训场地。选择合适场地（室内可以进行）。实训面积建议为2000mm×1500mm×3（3个场地各进行相应的科目实训）。地面平整，如水泥或瓷砖均可。需要注意的是，科目3定点停车，需要道路有一定的坡度（可采用木板或塑料板等材料制作），建议坡度小于

30°，且坡面不能太光滑，否则会导致车辆打滑。

表 3-12-2　实训器材

序号	器材名称	数量	说明
1	WT-ZN仿真智能车	1	原车中均已配置
2	公对母杜邦线	6	
3	蓝牙模块	1	
4	黑色胶带	1	另行采购
5	Android手机	1	自备

4．实训操作

（1）查询资料，组装仿真智能车相应组件。

（2）现场质检员检查组装及线路连接，如无问题，报告教师。

（3）调入并调整相应程序。

第一步：使用 Android 手机（Android8.1.0 版本，目前仅支持 Android 手机），下载"云开智能小车"App。相应 App 图标如图 3-12-1 所示。

云开智能小车v1.2	2019/7/16 12:39	Android 程序安…	9,135 KB

图 3-12-1　"云开智能小车"App

第二步：蓝牙连接。先上传项目一（科目 1）程序至 WT-ZN 仿真智能车内，再插上蓝牙模块。配对成功后，打开手机 App，点击"连接设备"按钮，在弹出的窗口中选择对应的蓝牙，如图 3-12-2 所示。

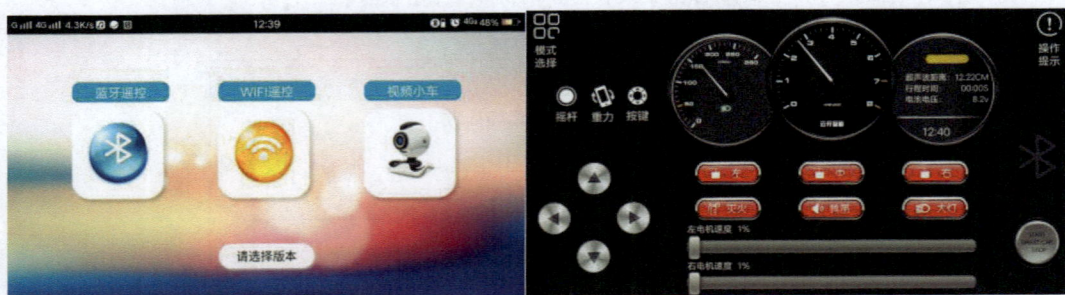

图 3-12-2　蓝牙配对

（4）教师再次检查组装及线路连接是否有错，如正确则同意通电，如有问题则改正。

（5）在此基础上输入相应的程序。具体操作如下所述。

① 控制程序输入，如图 3-12-3 所示。

② 循迹倒车程序输入，如图 3-12-4 所示。

③ 场地制作。根据实训项目内容和设计，制作能进行相应科目考试的 3 个实训场地。

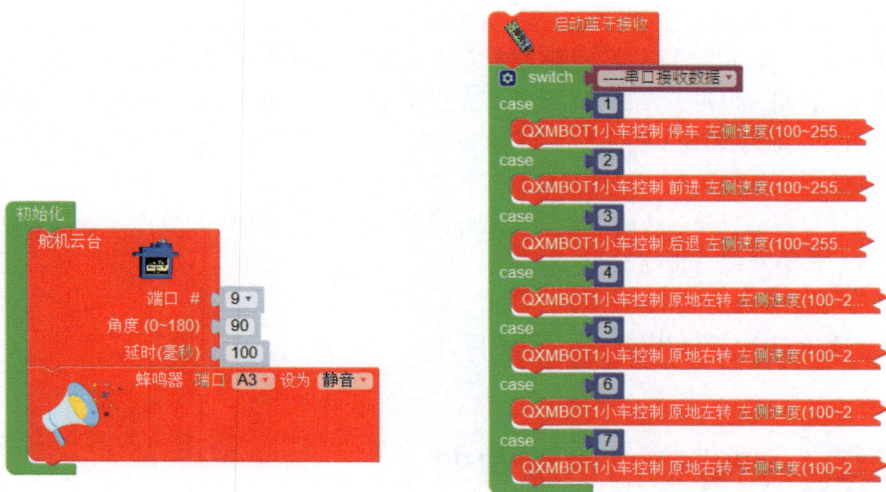

图 3-12-3　控制程序

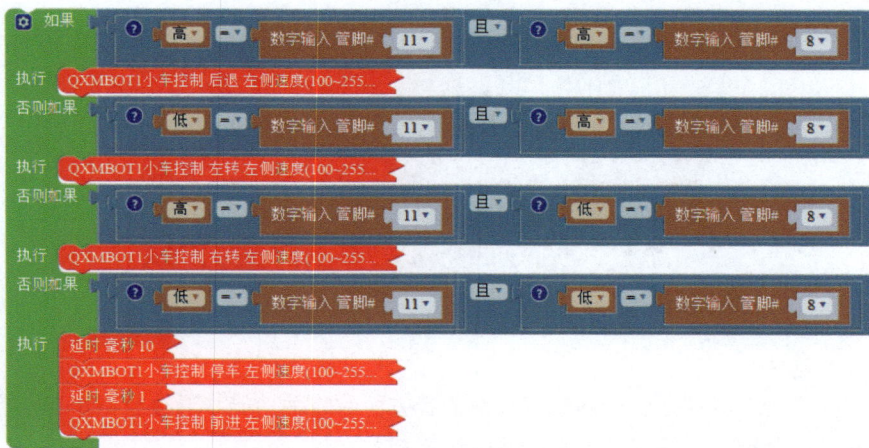

图 3-12-4　循迹倒车程序

（6）项目实施练习。

① 科目 1。倒车入库（控制方式可以是遥控或程序控制），在指定的场地上出入车库。

② 科目 2。侧方位停车（控制方式同科目 1），在指定的场地进行侧方位停车。注意训练中不仅要能够停车，更要能用最短的时间或者最少的动作达到要求。

③ 科目 3。定点停车（控制方式同科目 1），在指定的位置停车，并在完全停住后再次启动。

（7）各个小组根据项目要求（程序控制要求使用循迹功能，提前设计行驶停车路线），分别先在场地进行实验和调试，并逐步缩短项目实现的时间。

（8）整个实训时间：1 天。

5. 竞赛与考核

（1）本项目通过 3 个科目的模拟考核，可以使学生不仅完成项目要求，更重要的是，通过设计、场地制作、车辆动作调试和实训，可以提高其对仿真智能车操作的能力和完成项目的能力。

（2）项目竞赛要求。

① 科目 1。倒车入库（遥控 / 程序控制方式），出入库 3 次，用时最短为优胜。

② 科目 2。侧方位停车（遥控 / 程序控制方式），出入位置 3 次，用时最短为优胜。

③ 科目 3。定点停车（遥控 / 程序控制方式），成绩判定标准：距离标准停车线最短、启动后下滑的距离最短、整个过程完成的时间最短 3 个部分分数最高者为优胜。

（3）点评总结。首先由各组代表相互进行点评，然后由教师进行点评。

（4）各组最终成绩由指导教师打分完成。

6. 6S 项目管理

项目完成后须填写附录中的 6S 管理考核表。

任务十三 智能语音仿真实训

□ AR 资源——操作演示 □

▲ 智能语音

1. 任务描述

（1）智能语音项目即是智能网联汽车在语音方面的相关功能。通过公交车自动行驶、停车和自动报站等功能，了解和掌握智能网联汽车相关知识。

（2）实现形式。采用仿真智能车上的语音功能，根据线路规划，对车辆的行驶和报站进行设计，并经过实地运行和调试后完成项目要求。

（3）技术实现。上述项目的实施采用了智能语音芯片，并结合循迹功能协调共同实现。

2. 任务标准

（1）单任务模式。自始发地出发，按规定路线行驶，顺序走完 7 个公交站，到达终点站，要求仿真智能车在路线上行驶顺畅。

（2）多任务形式。当第一辆车行驶一段时间后，下一辆车会自动出发（实际的公交汽车运行是不可能全程只有一辆车行驶的，因此多任务模式符合实际公交汽车运营情况）。

（3）仿真智能车准确到达公交站牌位置（相差不能大于 1 个车位的距离）时停下，并报出相应站牌。

3. 实训准备

（1）实训以小组（6 人 / 组）为单位。每组成员职责设置如表 3-13-1 所示。

表 3-13-1　实训小组成员职责

序号	岗位名称	工作范围	备注
1	组长	1.领取实训器材、资料 2.现场人员分工、协调 3.现场安全检查及指挥、计时 4.布置现场	1.遇到问题时组长应及时反馈给教师 2.仿真智能车通电前，必须经教师检查并同意 3.需要进行3级（现场记录员、组长、教师）总结，现场记录
2	主操作手	1.查看相应的资料，与副操作手协商、检查及拼装仿真智能车组件 2.写入相关的程序 3.现场接线、焊接、调试等实操及演示	
3	副操作手	1.辅助主操作手完成仿真智能车组装及调试 2.负责查询及提供资料 3.工具准备及智能小车现场事故处理 4.布置现场	
4	质检员	1.检查线路连接是否错误，如有错应制止通电行驶 2.检查输入的程序是否准确及规范 3.对完成检查的质量情况打分 4.对有争议的问题，汇报给教师	
5	现场记录员	1.记录每一个操作步骤 2.记录质检员与6S管理员发现的问题 3.记录全过程，结束后做3min总结	
6	6S管理员	1.检查现场工具及设备摆放是否整齐、合理 2.检查现场操作是否符合6S管理 3.检查结束后是否整理、清洁实训场所 4.将发现的问题及时汇报给记录员	

（2）实训器材。实训所需器材（以单车为标准）如表 3-13-2 所示。

（3）实训场地。实训场地选择在室内，室内地面应较为光滑（如地砖），浅色（柏油路不可作为实训场地），无坡度及坑洼。

表 3-13-2　实训器材

序号	器材名称	数量	说明
1	WT-ZN仿真智能车	1	已配
2	语音播报器	1	单独购买
3	超声波传感器	1	已配
4	路线地图	1	自制或单独购买
5	公对母杜邦线	10	已配
6	计算机	1	自备

4. 实训操作

（1）在指定场地（建议尺寸：4200mm×3000mm）进行站路标志制作。

（2）在场地指定线路上按图纸粘贴布置 20 ～ 40mm 宽的黑色轨迹。

（3）在对应位置设置站牌（站牌名称统一，形式自定）。

（4）查询资料，组装仿真智能车相应组件。

（5）现场质检员检查组装及线路连接，如无问题，报告教师。

（6）出发前，须经质检员认真检查，并由教师确认线路连接正常，无短路、断路及错接情况方可出发。

（7）教师再次检查组装及线路连接是否有错，如正确则同意通电，如有问题则改正。

（8）连接计算机，向仿真智能车中写入语音播报程序。

① 下载 Mixly 程序，如图 3-13-1 所示。

② 打开软件，调入并调整程序（写程序时必须关闭电源开关），如图 3-13-2 所示。

米思齐Mixly图形化
编程软件
基于Mixly二次开发

图 3-13-1　下载 Mixly 程序

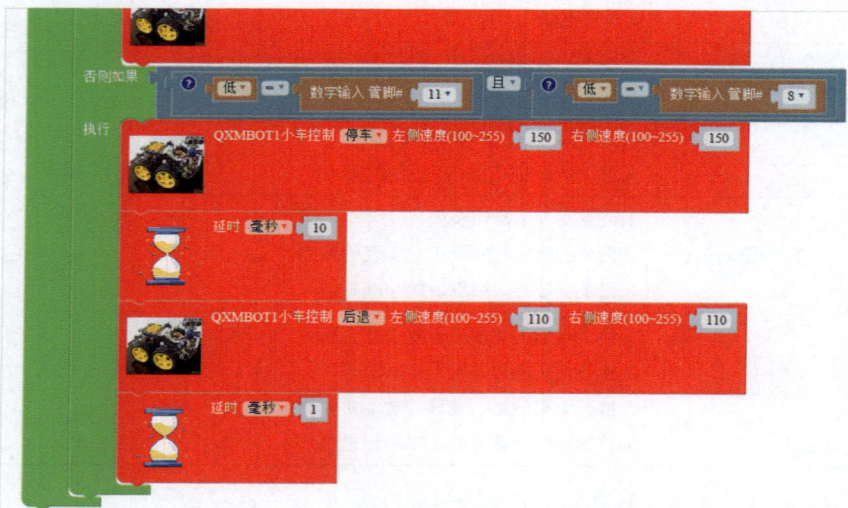

图 3-13-2　语音播报程序

（9）测试仿真智能车是否按照指定线路进行循迹行驶。

（10）到达站牌后，停止行驶并识别站牌名，准确播报站牌名，播报完成后继续向下一站牌行驶。

（11）顺序走完 7 个站牌，组长计算对应时间。

（12）实训准备及调试时间为 120min。

5. 竞赛与考核

（1）本项目考核通过竞赛过程完成。以小组成绩计分，并累计得出名次。

（2）单任务项目竞赛。按顺序行驶完 7 个公交站并准确报站，至终点结束（报站线路及站名如图 3-13-3 所示），在规定时间内完成且无误者为优胜，最接近规定时间者为优胜（规定时间为教师将 6 组完成时间累加后除以 6 得出的平均时间）。

（3）多任务项目竞赛。每组 3 辆仿真智能车，按照规定的时间分 3 次先后出发，均要顺序行驶完 7 个公交站点，并进行报站。竞赛规则同单任务项目竞赛。

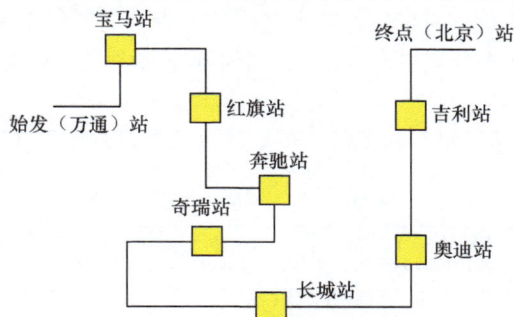

图 3-13-3　报站线路及站名

（4）竞赛过程中仿真智能车跑出赛道、因故障停止，需要自起始点重新开始，时间统一计算在内。

（5）每轮竞赛成绩按组数得分（如 6 组，第一组为 6 分、第二组为 5 分，依次类推）。按 3 轮总分相加之和排出竞赛成绩顺序。每次竞赛时，主、副操作手需更换（6 人更换 3 次）。

6. 6S 项目管理

项目完成后须填写附录中的 6S 管理考核表。

任务十四　智能观光车仿真实训

1. 任务描述

（1）景区智能观光车是 AGV（自动引导车）发展的一个重要应用。其线路的规划、设计和运营，都是景区智能观光车发展和运营的主要内容。因此，通过实训仿真上述线路设计和运营情况，从而提升学生对智能网联汽车的认识和相关专业能力的掌握。

（2）实现形式。首先需要对景区线路进行规划和设计，在此基础上，通过仿真智能车上的显示、循迹功能模块，使得车辆按照设计路线、要求时间进行单车或多车的运营（景区在平时和节假日期间客流情况是不一样的）。

（3）技术实现。线路规划主要是学习线路测量方式和标注方法。行驶中主要使用仿真智能车灰度模块、RGB 灯模块、四路循迹模块等技术。通过设置旅游景点，每个景点采用不同颜色标识，根据设定路线分别到达指定景点，每到达一个景点用 RGB 灯模块显示对应景点颜色。

2. 任务标准

（1）单车单点规划与运营。单车自入口开始行驶，每行驶至一个色块，表示抵达一个景区，然后返回入口，再开始自入口抵达下一个色块（依此类推）。要求完成所有景点的路线（这里景点表示为色块，具体路线和色块如图 3-14-1 所示）。

（2）单车多点规划与运营。该项目模仿淡季景区

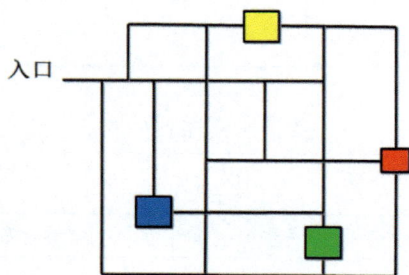

图 3-14-1　景点路线和色块

各景点游览车运营情况。要求单车自入口至各色块全部循迹行驶完成后返回入口。

（3）双车双点规划。该项目以景区较为繁忙情况为特征，以小组（2 辆车）为单位一前一后出发，每辆车寻找 2 个景点（自入口至 2 个不同色块循迹完成后返回入口）。

3. 实训准备

（1）实训以小组（6 人 / 组）为单位。每组成员职责设置如表 3-14-1 所示。

表 3-14-1　实训小组成员职责

序号	岗位名称	工作范围	备注
1	组长	1.领取实训器材、资料 2.现场人员分工、协调 3.根据教师的要求与副操作手一起布置现场、规划路线 4.现场安全检查及指挥、计时	1. 遇到问题时组长应及时反馈给教师 2. 仿真智能车通电前，必须经教师检查并同意 3. 需要进行 3 级（现场记录员、组长、教师）总结，现场记录
2	主操作手	1.查看相应的资料，与副操作手协商、检查及拼装仿真智能车组件 2.写入相关的程序 3.现场接线、焊接、调试等实操及演示	
3	副操作手	1.辅助主操作手完成仿真智能车组装及调试 2.负责查询及提供资料 3.负责布置现场或规划路线 4.工具准备及仿真智能车现场事故处理	
4	质检员	1.检查线路连接是否错误，如有错应制止通电行驶 2.检查输入的程序是否准确及规范 3.对有争议的问题，要制止或请示教师 4.对完成检查的质量情况打分	
5	现场记录员	1.记录每一个操作步骤 2.记录质检员与6S管理员发现的问题 3.记录全过程，结束后做3min总结	
6	6S管理员	1. 检查现场工具及设备摆放是否整齐、合理 2.检查现场操作是否符合6S管理 3.检查结束后是否整理、清洁实训场所 4.将发现的问题及时汇报给现场记录员	

（2）实训所需器材如表 3-14-2 所示。

表 3-14-2　实训器材

序号	器材名称	数量	说明
1	WT-ZN仿真智能车	1	原车中均已配置

续表

序号	器材名称	数量	说明
2	EUKAI-四路循迹模块	1	
3	25mm双通安装柱	2	选配
4	3mm×6mm螺钉	4	选配
5	母对母彩色杜邦线	6	已配
6	计算机	1	自备

（3）实训场地。选择合适场地，尺寸不得小于指定标准（建议尺寸：4200mm×3000mm），地面应较为光滑（如地砖），浅色（柏油路不可作为实训场地），无坡度及坑洼。

（4）根据项目需求进行线路连接。

① 线路连接示意如图 3-14-2 所示。

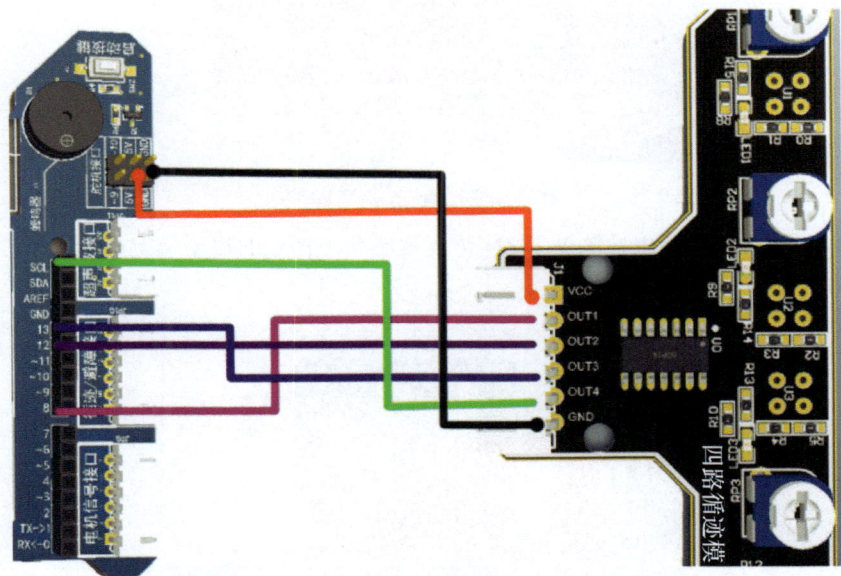

图 3-14-2 线路连接示意

② 接线说明如图 3-14-3 所示。

（5）程序输入与调试。

① 路径规划程序 Project15.mix。自定义路径规划数组地图定位（Map Location），仿真智能车放置在起始位置，根据下一个丁字路口或者十字路口来设置，数组内数字 1 表示左转 90°，2 表示右转 90°，3 表示掉头，4 表示直行，可以通过改变数字顺序来实现不同路线。路径规划程序如图 3-14-4 所示。

WT-ZN仿真智能车顶板　　　　　　　四路循迹模块

```
5V------------------------------------------ VCC
8------------------------------------------- OUT1
12 ----------------------------------------- OUT2
13 ----------------------------------------- OUT3
SCL---------------------------------------- OUT4
GND--------------------------------------- GND
```

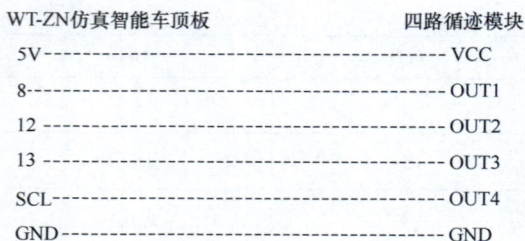

图 3-14-3　接线说明

图 3-14-4　路径规划程序

② beep 函数功能。蜂鸣器发出 1s 提示音。beep 函数程序如图 3-14-5 所示。

图 3-14-5　beep 函数程序

③ key_scan 函数功能。检测 WT-ZN 仿真智能车顶板上的启动按键是否按下。key_scan 函数程序如图 3-14-6 所示。

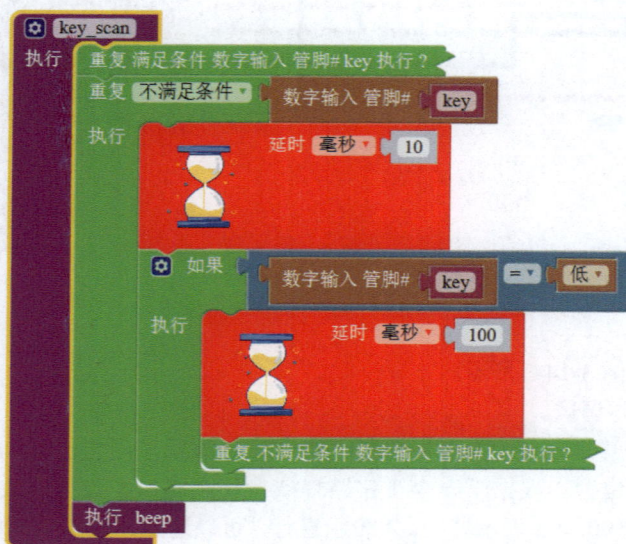

图 3-14-6　key_scan 函数程序

④ track_get_value 函数功能。获取四路循迹传感器状态。track_get_value 函数程序如图 3-14-7 所示。

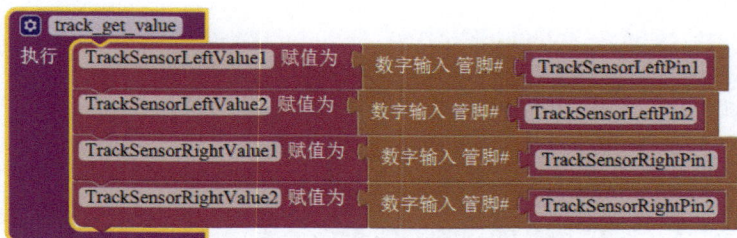

图 3-14-7　track_get_value 函数程序

⑤ 程序初始化 1。定义启动按键、蜂鸣器、四路循迹传感器管脚，如图 3-14-8 所示。

图 3-14-8　程序初始化 1

⑥ 程序初始化 2。声明四路循迹传感器状态变量，如图 3-14-9 所示。

图 3-14-9　程序初始化 2

⑦ 程序初始化 3。设置启动按键、蜂鸣器、四路循迹传感器管脚模式和状态，如图 3-14-10 所示。

⑧ 程序初始化 4。声明位置变量 position 并初始化为 1，执行检测启动按键是否按下，如图 3-14-11 所示。

⑨ 执行函数 track_get_value 设置。获取四路循迹传感器状态，并把状态赋值给对应的变量，如图 3-14-12 所示。

⑩ 判断程序设置。判断是否为十字路口或者丁字路口，如果是，则前进一小段距离再停车做选择，前进是为了避开颜色区域开始位置的黑线，如图 3-14-13 所示。

⑪ 路线选择设置 1。通过设置的路线数组 Map Location 来实现路线选择（case 1，左转

90°），如图 3-14-14 所示。

⑫ 路线选择设置 2，通过设置的路线数组 Map Location 来实现路线选择（case 2，右转 90°），如图 3-14-15 所示。

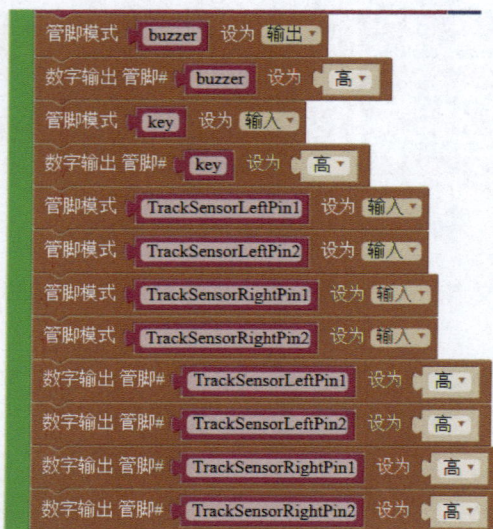

图 3-14-10　程序初始化 3

图 3-14-11　程序初始化 4

图 3-14-12　执行函数 track_get_value 设置

图 3-14-13　判断程序设置

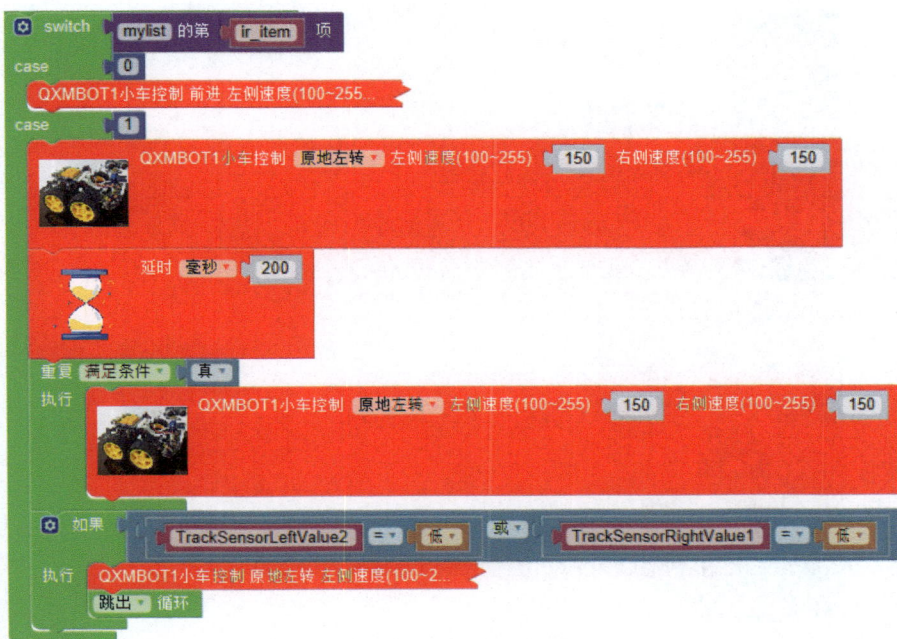

图 3-14-14 路线选择设置 1

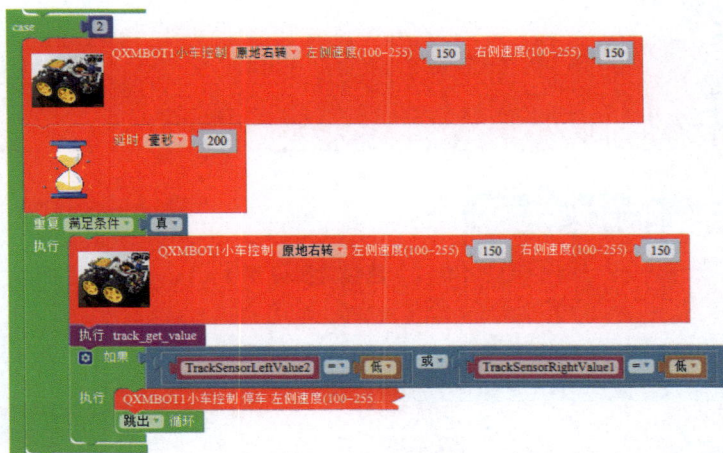

图 3-14-15 路线选择设置 2

⑬ 路线选择设置 3。通过设置的路线数组 Map Location 来实现路线选择（case 3，掉头180°），如图 3-14-16 所示。

⑭ 路线选择设置 4。通过设置的路线数组 Map Location 来实现路线选择（case 4，前进）。位置变量 position 加 1，指向下一个地址，如图 3-14-17 所示。

⑮ 检测动作 1。如果最左边检测到黑线，则执行原地左转。状态示意：TrackSensorLeftValue1 为低（"低"为检测到，"高"为未检测到），如图 3-14-18 所示。

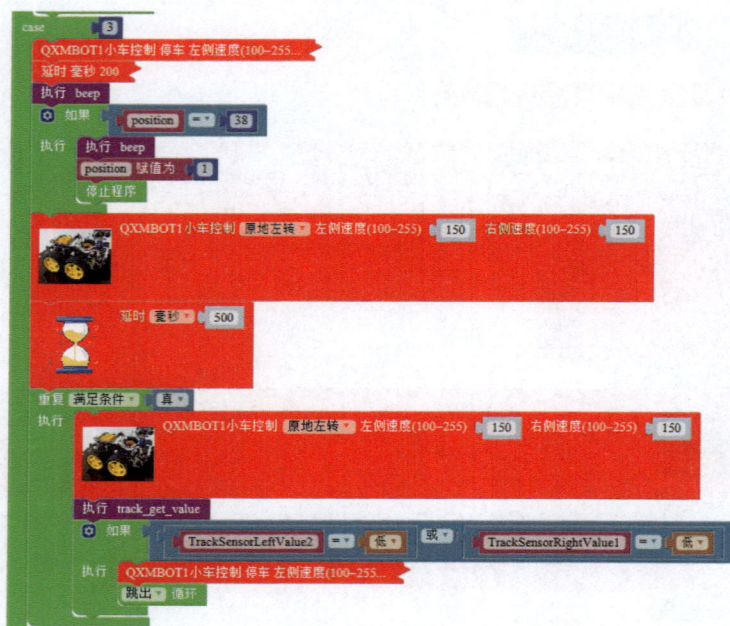

图 3-14-16　路线选择设置 3

图 3-14-17　路线选择设置 4

图 3-14-18　检测动作 1

⑯ 检测动作 2。如果最右边检测到黑线，则执行原地右转。状态示意：TrackSensorRight Value2 为低，如图 3-14-19 所示。

⑰ 检测动作 3。如果状态显示：TrackSensorLeftValue2 为低且 TrackSensorRightValue1 为高，则向左转弯，如图 3-14-20 所示。

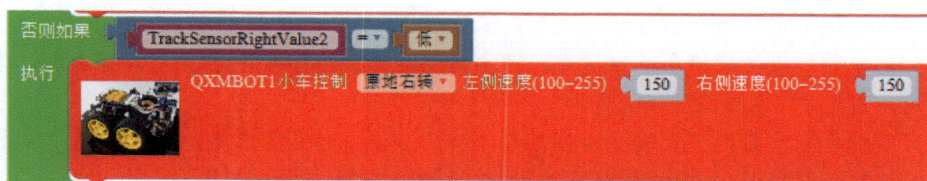

图 3-14-19　检测动作 2

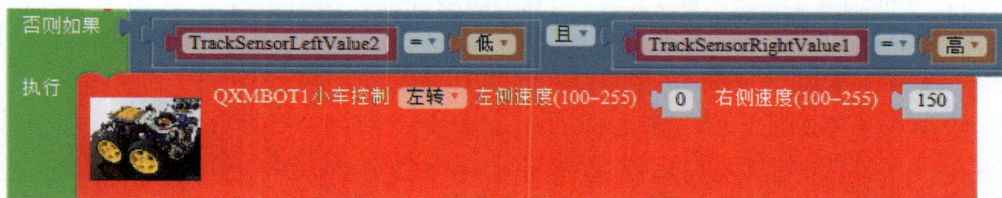

图 3-14-20　检测动作 3

⑱ 检测动作 4。如果状态显示：TrackSensorLeftValue2 为高且 TrackSensorRightValue1 为低，则向右转弯，如图 3-14-21 所示。

图 3-14-21　检测动作 4

⑲ 检测动作 5。如果状态显示：TrackSensorLeftValue2 为低，TrackSensorRightValue1 为低，则前进，如图 3-14-22 所示。

图 3-14-22　检测动作 5

4．实训操作

（1）在指定场地进行景区线路和标志制作。

（2）在场地指定线路，按图纸粘贴布置 20 ～ 40mm 宽的黑色轨迹。

（3）在对应位置设置景区牌（景区名称自定）。

（4）查询资料，组装仿真智能车相应组件。

（5）现场质检员检查组装及线路连接，如无问题，报告教师。

（6）出发前，须经质检员认真检查，并由教师确认线路连接正常，无短路、断路及错接情况方可出发。

（7）教师再次检查组装及线路连接是否有错，如正确则同意通电，如有问题则改正。

（8）连接计算机，向仿真智能车中写入对应规划路线、景区站牌停靠点、站牌名。

（9）测试仿真智能车是否按照指定线路进行循迹行驶。

（10）到达一个景点站牌后，完全停止行驶后再行驶至下一个景点。

（11）按照规定走完相应景区，组长计算对应时间。

（12）实训准备及调试时间：120min。

5. 竞赛与考核

（1）本项目考核通过竞赛过程完成。以小组成绩计分，并累计得出名次。

（2）单车单点规划与运营。以小组为单位完成单车四色的循迹行驶（自入口至第一个景点色块后返回入口，然后自入口行驶到第二个景点，依此类推，行驶完全部景区），仿真智能车显示对应景点颜色，包括线路规划设计和编程，用时最短组为优胜。

（3）单车多点规划与运营。以小组为单位完成单车四色的循迹行驶（自入口至各色块全部完成后返回入口），仿真智能车显示对应景点颜色，包括线路规划设计和编程，用时最短组为优胜。

（4）双车双点规划与运营。以小组为单位车辆一前一后出发，每辆车寻找两个景点（自入口至2个不同色块循迹完成后返回入口），仿真智能车显示对应景点颜色，包括线路规划设计和编程，以用时最短组为优胜。

（5）每轮竞赛成绩按组数得分（如6组，第一组为6分，第二组为5分，依次类推）。按3轮总分相加之和排出竞赛成绩顺序。每次竞赛时，主、副操作手需更换（6人更换3次）。

6. 6S 项目管理

项目完成后，须填写附录中的6S管理考核表。

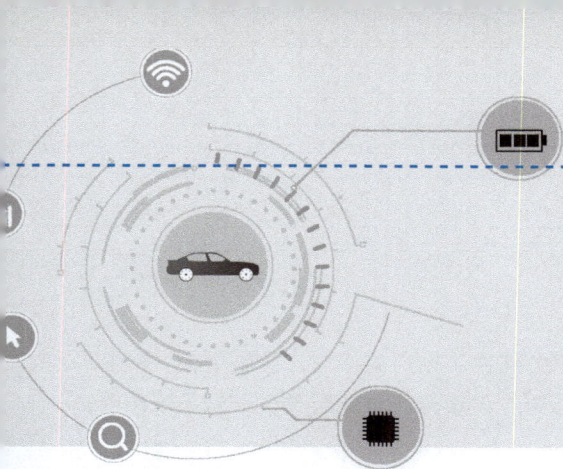

项目四
拓展实训项目

在完成第一阶段和第二阶段的所有实训项目之后，读者应该对 WT-ZN 仿真智能车的使用及各种汽车功能的仿真有了较为详细的了解。但 WT-ZN 仿真智能车的功能远不止于此。通过控制程序的调整，或者增加少量部件，就可以使 WT-ZN 仿真智能车不仅仅只是简单仿真真实车辆部分功能，还可以直接操作汽车。如无线控制汽车灯光、喇叭报警、车门自动关闭等。

以下项目均为使用 WT-ZN 仿真智能车在进行与汽车相关联的功能拓展项目。需要注意的是，作为拓展项目，文中仅描述了项目的实现效果、实现原理和基本方法。而不像第一、第二阶段项目实训过程中，将每个环节介绍得那么详细。一方面是作为拓展项目，而非规定项目；另一方面是鼓励进行拓展项目实训的学生自己研究和查阅相关资料，或者请教实训教师，从而全面提升学生的自学、思考和动手能力。为进行后续相关课程打下良好的基础。

扩展功能硬件：仿真智能车的 Arduino 控制主板、光敏电阻、烟雾传感器、蓝牙模块、Wi-Fi 模块、无线通信模块、声音传感器模块（以上部件均为仿真智能车标准配置中已含或在完成第二阶段实训项目时已单独配置的）。

增配部件：远程通信模块、5V 继电器、12V 转 5V 电源（可从市场上直接购买）。

任务一　自动感应大灯改装

1. 功能表述

将 WT-ZN 仿真智能车大灯控制的相关部件（如光敏电阻、控制主板、杜邦线等）安装在汽车大灯开关位置，并通过一定的编程，使得汽车在光线变暗时能自动将大灯点亮。

2. 功能使用

利用光敏电阻的特性，通过 Arduino 编程，再通过加装一个 5V 继电器，用仿真智能车上的控制系统来控制汽车上的大灯开光信号线即可以实现该功能。

3. 注意事项

（1）一定要清楚改装车辆大灯控制策略和线路布局。

（2）注意接线要合理，避免短路。

（3）需教师确认后方可通电实验。

任务二　声控报警改装

1. 功能表述

将 WT-ZN 仿真智能车智能语音仿真实训中的相关部件（如声控模块、控制主板、杜邦线等）安装在汽车前机舱配电盒位置，并通过一定的编程，使得汽车在车辆受到敲击或声音较大时，车辆喇叭自动报警。

2. 功能使用

主要了解声音模块的特性，熟悉实际汽车线路，通过 Arduino 编程再通过 5V 继电器用仿真智能车上的控制系统来控制汽车上电喇叭的继电器线圈搭铁即可以实现。在加装过程中可以对仿真智能车声控报警在实际汽车上的应用有个清晰的认识。

3. 注意事项

（1）一定要清楚改装车辆线路布局。

（2）注意接线要合理，避免短路。

（3）接线要接在熔断器的后面线路。

（4）需教师确认后方可通电实验。

任务三　蓝牙遥控大灯开启

1. 功能表述

将 WT-ZN 仿真智能车相关部件（如蓝牙模块、控制主板、杜邦线等）安装在汽车大灯开关位置，并通过一定的编程，使用手机蓝牙功能连接后可以操控大灯开启。

2. 功能使用

主要了解蓝牙无线传输的特性，熟悉实际汽车线路。通过加装一个 5V 继电器及 Arduino 编程，再通过正确的接线后即可以实现。在加装过程中可以对仿真智能车无线控制功能和编程有清晰的认识，还可以学习汽车线路。

3. 注意事项

（1）一定要清楚改装车辆线路布局。

（2）注意接线要合理，避免短路。

（3）接线要接在熔断器的后面线路。

（4）需教师确认后方可通电实验。

任务四　烟雾报警改装

1. 功能表述

将 WT-ZN 仿真智能车的相关部件（如烟雾感应器、控制主板、杜邦线等）安装在汽车前舱配电盒位置，并通过一定的编程，使车辆有烟雾自燃情况发生时就会报警鸣叫。

2．功能使用

利用烟雾感应器的特性，通过 Arduino 编程，再通过加装一个 5V 继电器，用仿真智能车上的控制系统控制汽车上电喇叭的继电器线圈搭铁即可以实现。在加装过程中可以对智能控制在实际汽车的应用有个清晰的认识。

3．注意事项

（1）一定要清楚改装车辆喇叭的控制策略和线路布局。

（2）注意接线要合理，避免短路。

（3）需教师确认后方可通电实验。

任务五　蓝牙遥控车门开启

1．功能表述

将 WT-ZN 仿真智能车蓝牙控制相关部件（如蓝牙模块、控制主板、杜邦线等）安装在汽车左前门总控位置，并通过一定的编程，使用手机蓝牙功能连接后使用 App 可以操控车门开启 / 关闭（可以使用仿真智能车 App 改装）。

2．功能使用

主要了解蓝牙无线传输的特性，熟悉实际汽车线路。在门窗控制线路中加装一个 5V 继电器控制开锁的信号线，对 Arduino 编程，再通过正确的接线后即可以实现。在加装过程中可以对仿真智能车无线控制功能和编程有清晰的认识，还可以学习汽车门锁线路。

3．注意事项

（1）一定要清楚改装车辆线路布局。

（2）注意接线要合理，避免短路。

（3）接线要接在熔断器的后面线路。

（4）需教师确认后方可通电实验。

任务六　手机遥控寻车

1．功能表述

将 WT-ZN 仿真智能车相关部件（如蓝牙模块、控制主板、杜邦线等）安装在汽车前舱配电盒位置，并通过一定的编程，使用手机 App 功能点击"寻车"可以操控车辆鸣叫，达到寻车目的。

2．功能使用

主要了解蓝牙无线传输的特性，熟悉实际汽车线路。可加装一个 5V 继电器，通过正确的接线后即可以控制汽车上电喇叭的继电器线圈搭铁来实现。在加装过程中可以对仿真智能车无线控制功能和编程有清晰的认识，还可以加深对汽车线路的学习（可以使用仿真智能车 App 改装）。

3. 注意事项

（1）一定要清楚改装车辆线路布局。

（2）注意接线要合理，避免短路。

（3）接线要接在熔断器的后面线路。

（4）需教师确认后方可通电实验。

任务七　远程遥控车辆

1. 功能表述

将 WT-ZN 仿真智能车相关部件（如控制主板、杜邦线等）和远程控制模块安装在汽车点火开关位置或车门左前开关，并通过一定的编程，使用手机 App 功能连接后即可以操控车辆功能，如手机远程遥控车辆开启车门、开启大灯、启动车辆（该项目有一定难度，需要读者在操作之前对车辆防盗线路和装置有较深入的了解）。

2. 功能使用

主要了解远程控制和无线通信原理，加装后只要能模拟出来远程遥控车辆开启车门、开启大灯、启动车辆即可。

3. 注意事项

（1）一定要清楚改装车辆线路布局。

（2）注意接线要合理，避免短路。

（3）接线要接在熔断器的后面。

（4）需教师确认后方可通电实验。

仿真智能车实训 6S 管理考核表

实训项目：	实训小组：	实训时间：	检查时间：		
项目	检查内容		标准分	实扣分	备注
整理（20分）	1.现场摆放物品（拆装工具、检测工具、耗材、拆装总成件）定期清理、划分摆放区域		5		
	2.工具车以及实训器材摆放是否明确分类、整齐划一		5		
	3.实训操作台面上不得摆放不必要的物品、工具		5		
	4.仿真智能车报废或用坏配件时，是否及时汇报、登记		5		
整顿（20分）	1.实训操作台及实训仿真智能车是否放置在规定位置		5		
	2.理实教室中桌椅是否归位，摆放是否整齐		5		
	3.消耗品（如抹布、手套、扫把、拖把）定位摆放是否到位		5		
	4.实训结束时，损坏件或报废件是否放置在专用地方、专门管理或入库管理		5		
清扫（10分）	1.实训场所是否杂乱（地面是否有垃圾、纸屑、塑料袋等）		5		
	2.台面清扫（含桌面、工具柜台面、操作台上的垃圾、纸屑、塑料袋等）		5		
清洁（15分）	1.白板、桌面、货架、文件柜是否保持整洁		5		
	2.用完的设备、桌椅、教具、清扫工具等是否归位		5		
	3.垃圾桶是否整洁，里面的垃圾清理是否及时		5		
素养（10分）	是否能遵守规则，积极主动地维护好现场的4S，养成良好的习惯		10		
安全（25分）	1.下班时门窗、照明、空调是否能及时关闭		5		
	2.下班时设备、显示器、饮水机的电源是否能及时关闭		5		
	3.室内照明配电箱是否关闭		5		
	4.货架及设备是否有倾斜，设备或物料的摆放是否超过标准		5		
	5.安全通道是否畅通，消防器材是否齐全、有效，室内是否有其他安全隐患		5		
合计			100		

参考文献

[1] 刘鹏涛，杨剑.一块面包板玩转 Arduino 编程 [M].北京：人民邮电出版社，2018.

[2] 李妙然，邹德伟.智能网联汽车技术概论 [M].北京：机械工业出版社，2019.

[3] 崔胜民.智能网联汽车新技术 [M].北京：化学工业出版社，2016.

[4] 中国电子信息产业研究院.智能网联汽车测试与评价技术 [M].北京：人民邮电出版社，2017.

[5] 朱升高，冯健，张德军.电动汽车结构原理与维修 [M].北京：机械工业出版社，2019.